# De la muerte a la vida

Joseph Champlin

**Prólogo de Virgilio Elizondo**

LIBROS
LIGUORI

Imprimi Potest:
Thomas F. Picton, CSsR
Provincial de la Provincia de Denver
Los Redentoristas

Imprimatur:
Reverendo Robert J. Hermann
Obispo auxiliar, Arquidiócesis de St. Louis

ISBN 978-0-7648-1297-2
Número de la tarjeta de la Biblioteca del Congreso: 2005926665

Título orignal: *Through Death to Life*, Ave Maria Press, Notre Dame, Indiana, 2002.

Todas las lecturas bíblicas son de *Leccionario III propio de los santos y otras misas* 2a ed. ©1998. Propiedad de la Comisión Episcopal de Pastoral Litúrgica. Publicado por Obra Nacional de la Buena Prensa, A.C. Ciudad de México. Usadas con permiso.

Las oraciones de la Misa son del *Misal Romano* 11a edición 2001 © Todos los derechos reservados. Propiedad de la Conferencia Episcopal Mexican. Publicado por Obra Nacional de la Buena Prensa, A.C. Ciudad de México. Usadas con permiso.

Extractos del *Ritual de las Exequias Cristianas*, Liturgical Press, © 2002.

La Editorial Liguori es una institución con fines no lucrativos y es un apostolado de los Redentoristas de la Provincia de Denver. Para conocer más acerca de los Redentoristas, visite la página web Redemptorists.com.

Para pedidos, llame al 800-325-9521
www.liguori.org

# Indice

# Prólogo

## Rituales para los momentos mas sagrados de la vida

La muerte de un ser querido, el pésame y el entierro son los momentos mas sagrados y solemnes en nuestra tradicion Latinoamericana. No hay palabras adequadas para expresar la obligacion que sentimos en los mas profundo de nuestro ser de hacernos presentes en estos momentos tan transcendentales.

En la ausencia de un ser querido, buscamos la union con familiares y amistades. En el mismo dolor, hay algo hermoso: la reunion de familiares e amistades compartiendo los recuerdos cunado la risa se combina con el llanto, las tragedias con los exitos, las tristezas con las alegrias. En los recuerdos compartidos comensamos a experimentar la nueva forma de vida del difunto, pues su cuerpo a muerto pero su espiritu esta mas vivo que nunca.

"Te acompaño en tus sentimientos". En la separacion de uno, queremos estar juntos con los demás. Pues solamente un acompañamiento de amistades y familia puede suavizar el dolor y calmar las lágrimas de la perdida del ser querido. Buscamos compartir el dolor de la perdida de alguien que formaba parte de nuestra misma vida, pues la perdida de un ser querido es como perder algo de nuestro propio ser, como si algo de nosotros mismos muriera.

En estos momentos cuando las palabras y aun el acompañamiento parecen tan inadequadas, tan insuficientes para expresar lo que el corazón siente, nuestra iglesia nos ofrece rituales que expresan mucho mas que las mejores palabras. Estos rituales no son meramente formalidades. Son mucho más. De hecho, nos ponen en contacto con el misterio mas glorioso de nuestra fe cristiana: la muerte y resurrecion de Jesus a través la cual nuestra misma muerte se convierte en la entrada a la plenitud de la vida. En Cristo, la muerte se transforma, la vida no se acaba, solo se transforma. El ser querido no nos abandona, solamente cambia su modo de estar presente entre nosotros. "Yo soy la Resurreccion y la Vida. El que cree en mi, aunque esté muerto, vivirá" (Juan 11,25).

No hay duda que los momentos finales de un ser querido siempre son dolorosos. Fuera una tristeza mas grande si no se sintiera ningun dolor, si no hubiera ninguna lágrima. Las separaciones siempre son dolorosas y la ultima es la más difícil. En estos momentos, nuestra fe nos ofrece gran paz, consolación y tranquilidad, pero depende en nosotros utilizar las gracias que Dios nos ofrece a traves los rituales de nuestra iglesia.

Los rituales fúnebres de nuestra iglesia no son solamente para encomendar el ser queirdo a Dios. Ciertamente son para esto, pero tambien son para consolar y animar a los sobrevivientes con palabras, lecturas biblicas, oraciones y mas que todo, el santo sacrificio de la Misa. Cristo nos dijo: "Yo soy el pan de vida ... el que come mi carne y bebe mi sangre tiene vida eterna" (Juan 6,35-54). Es precisamente en comunión con Cristo que recibimos la vida eterna, la garantía que nuestra vida no se acaba, solamente se transforma. En comunion con Cristo entramos en comunión con toda la comunión de los santos que hoy forman el cuerpo mistico de Cristo. En comunión con Cristo aunque morimos a la vida terrestre, vivimos eternamente, aunque nos separamos unos de otros en la vida terrestre, seguimos unidos en Cristo para siempre. Pues en Cristo no hay muerte eterna, no hay separacion.

Para mejor aprovechar la riqueza espiritual de los rituales fúnebres, conviene que la familia se reuna con el sacerdote, diácono o algun ministro de la parroquia para planificar el funeral. Este librito del Padre Champlin ha ayudado a muchas personas a planificar los servicios funebres y asi disfrutar plenamente de sus beneficios. Ofrece lecturas bíblicas, oraciones y sugerencias para la plena participación de toda la familia y seres queridos. La misma preparación de los rituales inician el proceso de sanación y aseguran que el funeral sera no solamente un memorial sino tmbien un momento de gran paz, tranquilidad y aun alegría profunda. Pues a pesar del dolor hay que celebrar que la persona vivió, que vive en nuestros recuerdos y que ahora ha llegado a la plenitud de la vida. Tambien hay que recordar que la separacion será breve, pues pronto, en un abrir y cerrar de ojos, le alcanzaremos. A pesar del dolor, nos atrevemos a celebrar que la vida no se ha terminado, solo se ha transformado.

PADRE VIRGILIO ELIZONDO

# Introducción

En el hospital Alberto Gómez estaba agonizando, junto a él se encontraba su esposa Carmen y su hija Lucía, él les pidió que no lo dejaran sólo. Ellas se quedaron junto a su cama, una de ellas tomó de Alberto la mano derecha y la otra la mano izquierda.

La última cosa que hizo Lucía fue limpiar una lagrima que corría por la mejilla de su papá.

Después que el señor Gómez murió, las dos mujeres dejaron el hospital y se dirigieron a su casa. Cuando llegaron a la casa llamaron al sacerdote de su parroquia quien llegó tan pronto como pudo y ahí en la casa rezaron y hablaron un poco acerca de los preparativos para el funeral y el sepelio. Él les dio este libro y les sugirió que vieran cuales lecturas querían usar y también les preguntó si tenían alguna sugerencia para el funeral.

A la viuda de Alberto y otros familiares les gustó la idea que ofreció el sacerdote. Pese al dolor por la muerte y el cansancio, todos ellos se dieron tiempo para leer y rezar algunas lecturas y oraciones de este libro. La familia Gómez se dio cuenta que preparar la Misa del funeral les ayudó a entender y a sobrellevar la pena por la que estaban pasando.

En la Misa los familiares fueron quienes proclamaron las lecturas, los nietos llevaron las ofrendas, el pan, el vino y algunos objetos simbólicos de la vida de Alberto. Uno de los familiares, quien sabía tocar el órgano, tocó durante la misa.

Uno de los pasajes bíblicos que eligió Lucía, la hija de Alberto, transmitía tanto el sentimiento que tuvieron durante las últimas horas en el hospital como el último detalle de ella para su papá. La lectura que seleccionó está en la pagina 53 y son del Apocalipsis: "Ésta es la morada de Dios entre los hombres; vivirá con ellos como su Dios y ellos serán su pueblo. Dios les enjugará todas sus lágrimas y ya no habrá muerte ni duelo, ni penas ni llantos, porque ya todo lo antiguo terminó".

La liturgia católica siempre facilita el desahogo en momentos tan tristes como lo es la muerte de un ser querido. Sin embargo, mientras más participación haya de parte de la familia, familiares y amigos en el funeral, más consuelo y apoyo podrá compartirse. Este libro está diseñado para facilitar la participación del sepelio y la Misa del funeral.

Le sugerimos que primero vea "Un mensaje para la familia" para que tenga una idea de la forma en cómo se organiza el funeral y de cómo podrían participar. Luego, escoja las lecturas y oraciones que expresen mejor los sentimientos.

Muchas veces en este tipo de ocasiones tiempo es lo que falta para seleccionar con más atención las lecturas. Si este es el caso entonces trate de seleccionar las lecturas del Antiguo y Nuevo Testamento además del Evangelio.

Cuando termine de seleccionar las lecturas y oraciones, llene la hoja que está al final de este libro, corte de este libro las páginas que contienen las lecturas y oraciones que seleccionó y entréguelas al sacerdote al menos una noche antes de la Misa del funeral o si puede antes mucho mejor.

Quizá tenga usted uno o varios pasajes preferidos que no están en este libro, la Iglesia anima a compartirlos en la Misa, simplemente haga una indicación en la hoja que está al final de este libro.

En muchos casos los preparativos y la planeación para la Misa del funeral deben ser hechos por los familiares inmediatos de la persona difunta. Sin embargo, hoy día debido al dialogo que existe en cuanto a la agonía y la muerte, es más común que una persona con una enfermedad crónica sea la que ayude en la organización. Cuando una persona sabe que su final está cerca puede que tenga una visión diferente y una mejor aceptación de la muerte, leer estos pasajes con la familia y los familiares puede ser una experiencia de apoyo y solidaridad. Esto debe hacer profundizar la fe en la vida eterna que Dios ha preparado para aquellos que amaron a Jesús.

Será entonces cuando todos ellos caminaran juntos de la muerte a la vida.

# Un mensaje para la familia

Naturalmente que yo no puedo saber quien es usted o donde se encuentra en este momento. Una cosa si entiendo, y es que usted como una persona que acaba de perder a un ser querido se sienta confusa, triste, abrumada y desconcertada por su pérdida. La ceremonia del funeral católico se presenta en esta edición con el fin de brindarle apoyo durante su duelo a la vez que esperamos sea para usted fuente de una gran esperanza en el futuro.

Escuche recientemente en un funeral las frases de un pasaje bien conocido de la Biblia:

"Todo tiene su momento, y cada cosa su tiempo bajo el cielo: Tiempo de nacer y tiempo de morir, tiempo de llorar y tiempo de reír, tiempo de hacer duelo y tiempo de bailar, tiempo de amar y tiempo de odiar"(Eclesiástico 3:1-11).

Cuando personas cercanas a usted han experimentado una gran pérdida, usted les ha brindado su consuelo y su apoyo. Usted los acompañó en su dolor. Durante las próximas horas usted tendrá la oprtunidad de recibir amor y consuelo, de dejar que otros compartan el dolor que ahora siente.

Cuando después de una larga lucha contra el cáncer murió mi madre, yo no quería pensar ni en el velorio, el funeral o el entierro. Me hacía muchas preguntas a mí mismo. ¿Cómo podré soportar todo esto? ¿Que haré para poder detener estas lágrimas que ahora brotan tan facilmente? ¿Cómo podré lidiar con estos eventos sociales cuando en realidad lo único que deseo es estar a solas con este vacío que me ha dejado la pérdida de este ser querido?

A pesar de que hubo momentos difíciles, logré enfrentar todas estas cosas de una manera más o ménos exitosa, hubo momentos en que no pude más y lloré y otras veces en que sentí un nudo en la garganta. Lo que más me sorprendió, y lo que seguramente le sorprenderá a usted también, es el apoyo tan maravilloso y el aliento que recibí de las amistades y de la familia, sus oraciones, sus llamadas de teléfono y sus mensajes escritos, su prescencia silenciosa en la casa familiar o en la funeraria le levantarán el ánimo y le ayudarán a seguir adelante. Yo lo sé. A mi me ayudaron y le prometo que también usted sentirá su apoyo.

Esta es la razón principal por la cual tenemos velorios y horas de visita. Es así como otros puedan acompañarle en su dolor, apoyarle, y orar con usted por su ser querido.

Sin embargo los cristianos encontramos un rayo de esperanza en medio de nuestras muchas lágrimas. Nosotros creemos que la muert no es un fin sino un principio; que la muerte es el momento en que el ser querido ha pasado —a través de la muerte a esta vida presente y temporal— a la una permanente y perfecta;que la persona que en está vida vió a Dios con los ojos de la fe, le contempla ahora, cara a cara en el cielo; que mientras la muerte ahora nos separa. Lo hace tan solo temporalmente. Pronto nos reuniremos de nuevo —como Dios mismo nos lo dice en la Biblia— en una casa hecha por Dios, una morada eterna en los cielos, que no ha sido construida por mano de hombres" (2 Corintios 5,1).

La misa fúnebre destaca principalmente este triunfo de Jesús sobre la muerte y nuestra participación en su resurección. Lo hace principalmente a través de diversas oraciones y bendiciones, a través de cantos y lecturas bíblicas, a través de ceremonias y de símbolos. Para entender mejor la liturgia en la iglesia y para que experimentemos mayor consuelo al celebrarla he escrito las siguientes palabras.

**1) El color de las vestiduras sacerdotales.** Normalmente asociamos el color blanco a una ocación festiva o victoriosa, como una boda, la vigilia pascual, los bautizos y otros eventos gozosos y alegres. Ya que no nos encontramos reunidos aquí para conmemorar unicamanete la pérdida de un ser querido, sino que también celebramos, por su muerte, su entrada en la vida eterna, los sacerdotes utilizan vestimentas blancas en lugar del color negro o púrpura.

**2) Música.** El elemento que mas afecta nuestros sentimientos y la atmósfera en la que oramos en el culto es la música. Esta expresa muy bien nuestros pensamientos interiores. La selección musical para la misa fúnebre difiere de las melodias tradicionales que suelen ser pesadas y lúgubres, a diferencia de éstas la música recomendada es mas bien ligera y alegre. Los cantos de pascua que hablan de la resurección de nuestro Señor resultan especialmente apropiados.

**3) Planificación personal del servicio fúnebre con un sacerdote.** Este libro contiene una rica selección de oraciones, lecturas y ceremonias incluidas en el Rito Oficial de exequias cristianas. El rito le anima a que junto con el sacerdote, usted escoja aquellas que resulten mejor par alas circunstancias. Estoy seguro que tanto el sacerdote como el director de servicios funerarios le ayudarán con gusto en esta tarea.

**4) Pasajes de la Biblia.** Entre los muchos recursos a su disposición en la liturgia fúnebre se encuentra una lista de mas de 70 lecturas bíblicas. Usted puede escojer tres: una del antiguo testamento, una del nuevo, y una del evangelio. O puede usted seleccionar dos: una del antiguo o nuevo testamento y una de los evangelios. Como lo hemos indicado anteriormente, si usted prefiere algún texto de la escritura que no esté incluido en este libro que le parezca apropiado, por favor siéntase con libertad de seleccionarlo para la misa.

**5) El cirio pascual.** Desués de la pascua de resurección, el cirio pascual permanece en el santuario durante 50 días. Este simboliza al señor resucitado y nos habla del triunfo de Cristo sobre el pecado y sobre la muerte y nos recuerda que ahora vive en medio de nosotros. Se puede realizar una procesión como memorial de que a través de su muerte, el difunto comparte ya, el triunfo de jesús sobre el poder de las tinieblas.

**6) El rocío del ataúd con agua bendita.** Participamos por primera vez, en la resurección del Señor en nuestro bautismo. Las aguas bautismales derramadas sobre nuestra cabeza en la pila bautismal nos hicieron cristianos y nuestros seres por entero fueron hechos creaturas nuevas llenas del Espíritu Santo. Al rociar el ataúd con agua bendita, el sacerdote trae a nuestra memoria ese día en que recibimos el baño bautismal. Esta es la base de nuestra esperanza en la resurección personal a la vida eterna de nuestros seres queridos.

**7) El uso del incienso sobre el cuerpo.** Como cristianos creemos que nuestro cuerpo es el templo del Espíritu Santo y que algún día resucitará por el poder del Espíritu Santo. Durante la misa fúnebre, el sacerdote camina alrededor del ataúd e inciensa el cuerpo como muestra de nuestro respeto por los restos y como símbolo de las oraciones de la comunidad por los difuntos, que se elevan hasta el trono de Dios, y como el último adiós o encomendación del que ha partido a Dios.

**8) Tarjetas conmemorativas personalizadas.** Si Usted tiene tiempo y así lo desea, tal vez usted quiera preparar tarjetas conmemorativas que pueden ser entregadas durante la misa fúnebre e incluso misales que ayuden a la gente a participar mejor durante el servicio. Esto requiero de un esfuerzo mayor e involucra trabajo extra pero tanto el sacerdote como el director funerario pueden asistirle en esta cuestión.

**9) Presentación de las ofrendas.** La Iglesia alienta a los familiares o amigos presentes en la misa fúnebre a traer al altar las ofrendas del pan y el vino. Además de esto quizá usted desee traer algunos dones simbólicos de la vida de su ser querido. Este gesto es una forma de decir: "Señor, te devolvemos a nuestro ser querido. Aceptamos tu voluntad. Sabemos que esto es parte de tu plan salvífico" Algunos ejemplos de objetos que han sido usados en funerales recientes para expresar de manera simbólica los intereses principales, las cosas que apreciaba del difunto son: una foto de bodas, un retrato familiar, un rosario, crucifijo o libro de oraciones, un martillo de carpintero, una partitura musical, una gorra de enfermera, un certificado de reconocimiento a una persona retirada. Estos objetos pueden ser colocados en una pequeña mesa cerca del altar.

**10) La Sagrada Comunión.** Esta es la manera más perfecta de compartir en la misa fúnebre. La Iglesia le alienta a usted y los presentes a recibirla. Usted puede recibir la comunión en las dos especies. Mientras que la mayoría de las personas recibin el cuerpo del Señor bajo la especie de pan unicamente, el beber del cáliz representa esta realidad más plenamente, según las palabras de Jesús en el evangelio de San Juan: "El que come mi carne y bebe mi sangre tiene vida eterna y yolo resucitaré en el último día" (Juan 6,54).

**11) Colocación del palio funerario.** Un palio funerario, nos recuerda de la vestidura que se nos dió el día de nuestro bautismo, un símbolo de nuestra vida en Cristo se utiliza para recubrir el ataúd al comienzo de la liturgia. Se recomienda a que algún miembro de la familia o amistad cercana se encargue de esto, aunque la colocación del palio puede ser hecho tambien por el sacerdote u otro ministro durante del servicio funerario. El uso de el palio funerario también representa el hecho de que todos somos iguales ante Dios (Jas 2,1-9).

**12) Símbolos de vida Cristiana.** Un símbolo de la vida cristiana puede ser llevado en procesión por un un miembro de la familia o por una amistad y colocado sobre el ataúd al ser colocado frente al altar.

Este puede ser una biblia o un evangelario, utilizado como un signo de que los cristianos viven por la palabra de Dios y de que la fidelidad a la palabra de Dios conduce a la vida eterna. También se puede utilizar una cruz como signo de que el cristiano está marcado por la cruz en el bautismo y a través del sufrimiento de Jesús en la cruz es introducido en la victoria de su resurección. El sacerdote puede recitar una oración para acompañar la colocación de este símbolo sobre el ataúd.

**13) Reconciliación.** Las personas que se encuentran alienadas de Dios , de La Iglesia, de sus familias o de otras personas, experimentan, frecuentemente, que la cercanía de una muerte le mueve a buscar la reconciliación. El sacerdote gustosamente aceptará hacer los arreglos necesarios par brindar la oportunidad de recibir este sacramento a quienes lo deseen durante las horas de visita en el velorio, la funeraria o la casa de la familia del difunto. Es necesario que usted haga los arreglos de antemano con su parróco.

**14) La homilia funeraria y los comentarios de la familia.** El Diácono o sacerdote dará una homilia corta basada en su selección de textos bíblicos. Esto no pretende ser una elogía, sin embargo el predicador necesitará hablar con usted para conocer mas acerca de la vida del difunto para poder integrar mejor los textos seleccionados y saber las razones que tuvo usted para seleccionarlos e integrarlos a su mensaje.

Después de la oración para después e la comunión y antes del saludo final, un miembro de la familia o una amistad puede dirigirse a la congregación para conmemorar al difunto.

En este momento resulta apropiado citar la manera en que la partida del difunto nos ha inspirado y nos ha hecho profundizar en nuestra fe a través de su vida en la tierra.

**15) Rito de sepelio y última despedida.** La última ceremonia despuées de la misa en el cementerio se conoce como la última despedida y sepelio. Este resulta ser en cierta forma, el momento más difícil, ya que es al último adiós a aquel ser querido que hemos amado a lo largo de la vida. Pero una vez más el apoyo de los amigos y el consuelo de la fe nos dice que es y no es, a la vez, un adios definitivo. Es una separación, si, pero unicamente temporal. Un final si, pero mucho mas un principio.

PADRE JOSÉ M. CHAMPLIN

# Primera parte:
# Ritos introductorios

- Saludo inicial
- Aspersión del agua bendita
- Colocación del palio funerario
- Procesión de entrada
- Colocación de los símbolos cristianos
- Oración colecta

# Saludo inicial

El sacerdote se dirige con los ministros asistentes hacia la puerta de la iglesia y allí recibe a los presentes con uno de los siguientes saludos, o con palabras semejantes.

A. La gracia de nuestro Señor Jesucristo, el amor
del Padre y la comunión del Espíritu Santo
estén con todos ustedes. (159-A)*
**R. Y con tu espíritu.**

B. La gracia y la paz de parte de Dios, nuestro Padre,
y de Jesucristo, el Señor, estén con todos ustedes. (159-B)
**R. Y con tu espíritu.**

C. El Dios de la vida, que ha resucitado a Jesucristo,
rompiendo las ataduras de la muerte,
esté con todos ustedes. (159-C)
**R. Y con tu espíritu.**

D. El Padre de las misericordias, el Dios de todo consuelo,
permanezca siempre con ustedes. (159-D)
**R. Y con tu espíritu.**

# Aspersión del agua bendita

Después el sacerdote rocía el ataúd con agua bendita mientras dice:

En las aguas del bautismo
N. murió con Cristo y con él resucitó a una vida nueva.
Que él(ella) participe ahora con Cristo de la gloria eterna.
(160)

---

*Números del *Ritual de las Exequias Cristianas*, The Liturgical Press, 2002

## Colocación del palio funerario

Si es la costumbre de la comunidad, los miembros de la familia las amistades o el sacerdote colocan ahora el palio funerario sobre el ataúd, ya sea en silencio o mientras que el sacerdote dice estas palabaras u otras semejantes.

> En el día del bautismo
> N. fue revestido (revestida) de Cristo.
> Que Dios lo (la) acoja ahora en la plenitud de su amor
> y lo (la) lleve a la vida eterna.
> **R. Amén.**

## Procesión de entrada

El cirio pascual se puede colocar de antemano cerca del sitio que ocupará el ataúd al final de la procesión. El sacerdote y los ministros asisitentes proceden al ataúd y a los dolientes hacia el interior de la iglesia. Durante la procesión se entona un salmo, un canto, o un responsorio.

## Colocación de los símbolos cristianos

Se puede llevar en procesión un símbolo de la vida cristiana, tal como el evangelario, una Biblia, o una cruz; después se coloca sobre el ataúd, ya sea en silencio o mientras se recita un texto.

### Libro de los evangelios o Biblia (400-1)

Mientras se coloca sobre el ataúd el Libro de los Evangelios o Biblia, el que preside dice estas palabras u otras semejantes:

> En vida N. tuvo en gran estima el Evangelio de Cristo.
> Que Cristo lo (la) reciba con estas palabras de vida eterna:
> ¡Ven, bendito (bendita) de mi Padre!

## Cruz (400-2)

El que preside pronuncia las siguientes palabras u otras palabras semjantes mientras se coloca una cruz sobre el ataúd.

> En el Bautismo N. recibió el signo de la cruz.
> Que ahora él(ella) participe
> de la victoria de Cristo sobre el pecado y la muerte.

## Cruz (400-3)

en el caso de un niño(una niña) que murió antes de recibir el Bautismo, durante la presentación de la cruz el que preside dice estas palabras u otras semejantes:

> La cruz que el Señor Jesucristo cargó en la hora de su sufrimiento es la cruz que ahora traemos aquí y colocamos sobre [cerca de] este ataúd como signo de nuestra esperanza por N.

Mientras se coloca la cruz sobre el [o cerca del] ataúd, el que preside dice:

> Señor Jesucristo,
> tú nos amaste hasta la muerrte,
> concédenos que esta cruz sea un signo de tu amor por N.
> y por el pueblo que tú has congregado aquí en tu presencia.

## Oración colecta

Cuando todos han llegado a sus sitios, el sacerdote invita a la asamblea a orar.

**Oremos.**

Después de un breve período de oración en silencio, el sacerdote canta o recita una de las oraciones siguientes.

**1**

**Fuera del tiempo Pascual** (164-A)

Dios y Padre todopoderoso,
nuestra fe nos asegura
que tu Hijo, muerto en la cruz,
fue resucitado de entre los muertos
como primicia de todos los que han muerto.
Por este misterio, concede que tu siervo (sierva) N.,
que ha partido al descanso en Cristo,
pueda participar en el gozo de su resurrección.
Por nuestro Señor Jesucristo, tu Hijo,
que vive y reina contigo en la unidad del Espíritu Santo
y es Dios por los siglos de los siglos.
**R. Amén.**

# 2

**Fuera del tiempo Pascual (164-B)**

Oh Dios,
a quien pertenecen el perdón y la misericordia,
escucha nuestras oraciones por tu siervo (sierva) N.,
a quien llamaste de este mundo;
y ya que él (ella) puso su esperanza y confianza en ti,
haz que sea llevado (llevada) felizmente al hogar de los cielos
y alcance el gozo de tu eterna compañía.
Por nuestro Señor Jesucristo, tu Hijo,
que vive y reina contigo en la unidad Espíritu Santo
y es Dios por los siglos de los siglos.
**R. Amén.**

# 3

**Fuera del tiempo Pascual (164-C)**

Oh Dios,
en quien los pecadores encuentran misericordia
y los santos gozo,
te rogamos por nuestro hermano (nuestra hermana) N.,
cuyo cuerpo honramos con sepultura cristiana,
para que pueda ser liberado (liberada) de los lazos de la muerte. Admítelo (Admítela) en la gozosa compañía de tus santos
y resucítalo (resucítala) en el último día
para que se regocije en tu presencia eternamente.
Por nuestro Señor Jesucristo, tu Hijo,
que vive y reina contigo en la unidad del Espíritu Santo
y es Dios por los siglos de los siglos.
**R. Amén.**

# 4

## Durante el tiempo Pascual (164-D)

Escucha, Señor, nuestras súplicas,
para que, al confesar la resurrección de tu Hijo,
se afiance también la esperanza
de que nuestro hermano (nuestra hermana) resucitará.
Por nuestro Señor Jesucristo, tu Hijo,
que vive y reina contigo en la unidad del Espíritu Santo
y es Dios por los siglos de los siglos.
**R. Amén.**

# 5

## General (398-1)

Escucha, Señor, nuestras súplicas
y haz que tu siervo (sierva) N.,
que acaba de salir de este mundo,
perdonado (perdonada) de sus pecados
y libre de toda pena,
goce junto a ti de la vida inmortal;
y, cuando llegue el gran día
de la resurrección y del premio,
colócalo (colócala) entre tus santos y elegidos.
Por Jesucristo, nuestro Señor.
**R.Amén.**

# 6

## General (398-2)

Presta oídos, Señor, a las oraciones
con que imploramos tu misericordia
en favor de nuestro hermano (nuestra hermana) N.;
tú que lo (la) hiciste miembro de la Iglesia durante su vida
     mortal,
llévalo (llévala) contigo a la patria de la luz,
para que ahora participe también de la ciudadanía del los
     santos.
Por Jesucristo, nuestro Señor.
**R.Amén.**

# 7

## General (398-3)

Señor, Padre santo, Dios todopoderoso y eterno,
humildemente te suplicamos por tu siervo (sierva) N.,
a quien acabas de llamar de este mundo;
dígnate llevarlo (llevarla)
al lugar del descanso, de la luz y de la paz,
para que, franqueadas victoriosamente
las puertas de la muerte,
habite con tus santos en el cielo,
en la luz que prometiste a Abrahán
y a sus descendientes por siempre.

Acéptalo (Acéptala) bajo tu protección,
perdona sus pecados y faltas,
y en el gran día del juicio
resucítalo (resucítala) junto con todos los santos
para que herede tu reino eternamente.
Por Jesucristo, nuestro Señor.
**R. Amén.**

# 8

## General (398-4)

Te encomendamos, Señor,
a nuestro hermano (nuestra hermana) N.,
a quien en esta vida mortal
rodeaste siempre con tu amor;
concédele ahora que, libre de todos sus males,
participe en tu descanso eterno,
y, pues para él (ella) acabó ya este primer mundo,
admítelo (admítela) ahora en tu paraíso,
donde no hay llanto ni luto ni dolor,
sino paz y alegría sin fin,
con tu Hijo y el Espíritu Santo,
por los siglos de los siglos.
**R. Amén.**

# 9

## General (398-5)

Dios y Padre todopoderoso,
nuestra fe nos asegura
que tu Hijo, muerto en la cruz,
fue resucitado de entre los muertos
como primicia de todos los que han muerto.
Por este misterio, concede que tu siervo (sierva) N.,
que ha partido al descanso en Cristo,
pueda participar en el gozo de su resurrección.
Por Jesucristo, nuestsro Señor.
**R. Amén.**

# 10

**General** (398-6)

Dios nuestro,
gloria de los fieles y vida de los justos,
nosotros, los redimidos
por la muerte y resurreccíon de tu Hijo,
te pedimos que recibas con bondad
a tu siervo (sierva) N.,
que creyó en la futura resurrección,
y le concedas alcanzar los gozos
de la eterna bienaventuranza.
Por Jesucristo, nuestro Señor.
**R. Amén.**

# 11

**General** (398-7)

Dios, Padre todopoderoso,
que por el Bautismo nos has configurado
con la muerte y resurrección de tu Hijo,
concede a tu siervo (sierva) N.,
que, libre de los lazos de la muerte,
pueda gozar de la compañía de tus elegidos.
Por Jesucristo, nuestsro Señor.
**R. Amén.**

# 12

**General** (398-8)

Escucha, Señor, nuestras súplicas,
para que, al confesar la resurrección de tu Hijo,
se afiance también la esperanza
de que nuestro hermano (nuestra hermana) resucitará.
Por Jesucristo, nuestro Señor.
**R. Amén.**

# 13

### General (398-9)

Señor Dios,
ante quien viven los que están destinados a la muerte
y para quien nuestros cuerpos, al morir, no perecen,
sino que se transforman y adquieren una vida mejor,
te pedimos humildemente que acojas
el alma de tu siervo (sierva) N.,
y la coloques junto a nuestro padre Abrahán, tu amigo,
para que pueda resucitar con gloria
en el día grande del juicio;
y, si en algo pecó contra ti durante esta vida,
que tu amor misericordioso
lo (la) purifique y lo (la) perdone.
Por Jesucristo, nuestro Señor.
**R. Amén.**

# 14

### General (398-10)

Señor misericordioso,
te pedimos humildemente
que acojas a tu siervo (sierva) N.
y le concedas la abundancia de tu perdón;
dígnate purificarlo (purificarla)
de todo lo que lo (la) manchó en este mundo,
para que, libre de toda atadura mortal,
merezca pasar a la vida.
Por Jesucristo, nuestro Señor.
**R.Amén.**

# 15

**General** (398-11)

Prepara nuestros corazones, Señor,
a escuchar tu palabra,
para que encontremos por ella
luz en nuestra oscuridad,
fe en nuestra duda,
y nos consolemos mutuamente.
Por Jesucristo, nuestro Señor.
**R. Amén.**

# 16

**General** (398-12)

Oh Dios,
a quien pertenecen el perdón y la misericordia,
escucha nuestras oraciones por tu siervo (sierva) N.,
a quien llamaste de este mundo;
y ya que él (ella) puso su esperanza y confianza en ti,
haz que sea llevado (llevada) felizmente al hogar de los cielos
y alcance el gozo de tu eterna compañía.
Por Jesucristo, nuestro Señor.
**R. Amén.**

# 17

**General** (398-13)

Oh Dios,
en quien los pecadores encuentran misericordia
y los santos gozo,
te rogamos por nuestro hermano (nuestra hermana) N.,
cuyo cuerpo honramos con sepultura cristiana,
para que pueda ser liberado (liberada) da los lazos de la muerte. Admítelo (Admítela) en la gozosa compañía de tus santos
y resucítalo (resucítala) en el último día
para que se regocije en tu presencia eternamente.
Por Jesucristo, nuestro Señor.
**R. Amén.**

# 18

**Por el Papa** (398-14)

Oh Dios,
de quien los justos reciben segura recompensa,
concede que tu siervo N., nuestro Papa,
al que tú hiciste vicario de Pedro y pastor de tu Iglesia,
se regocije para siempre en la visión de tu gloria,
ya que él fue fiel guardián aquí en la tierra
de los misterios de tu perdón y tu gracia.
Por Jesucristo, nuestro Señor.
**R. Amén.**

# 19

## Por el obispo diocesano (residencial o emérito) (398-15)

Dios omnipotente y misericordioso,
Pastor eterno de tu pueblo,
escucha nuestras súplicas
y permite que tu siervo, nuestro Obispo N.,
al que tú confiaste el cuidado de esta Iglesia,
entre a participar del gozo de su eterno Maestro,
y reciba allí la abundante recompensa a sus labores.
Por Jesucristo, nuestro Señor.
**R. Amén.**

# 20

## Por un obispo que no fue el pastor propio (398-16)

Oh Dios,
tú escogiste a tu siervo N.
de entre tus sacerdotes
para realizar el ministerio episcopal.
Concédele compartir la eterna compañía de los sacerdotes
que, fieles a las enseñanzas de los apóstoles,
moran en tu reino celestial.
Por Jesucristo, nuestro Señor.
**R. Amén.**

# 21

## Por un presbitero (398-17)

Dios de misericordia y bondad,
concede a N., tu siervo y sacerdote,
un lugar glorioso en tu mesa celestial,
ya que tú lo hiciste aquí en la tierra
ministro fiel de tu palabra y de tu sacramento.
Por Jesucristo, nuestro Señor.
**R. Amén.**

# 22

## Por un presbítero (398-18)

Oh Dios,
escucha benigno nuestras oraciones
que te ofrecemos por tu siervo y sacerdote,
y permite que N.,
que se comprometió celosamente al servicio de tu nombre,
se regocije para siempre en la compañía de tus santos.
Por Jesucristo, nuestro Señor.
**R. Amén.**

# 23

## Por un presbítero (398-19)

Señor Dios,
tú escogiste a nuestro hermano N. como sacerdote
para servir a tu pueblo
y compartir con él sus gozos y penas.

Míralo con misericordia
y concédele la recompensa a sus esfuerzos:
la plenitud de la vida que has prometido
a los que predican tu santo Evangelio.
Por Jesucristo, nuestro Señor.
**R. Amén.**

# 24

## Por un diácono (398-20)

Dios de misericordia,
del mismo modo que una vez elegiste
a siete hombres de buena fama
para que sirvieran a tu Iglesia,
elegiste a N. para que fuera tu siervo y diácono.
Concédele que se regocije en tu eterna compañía
con todos los que proclamaron tu Evangelio,
ya que te sirvió sin descanso en su ministerio aquí en la tierra.
Por Jesucristo, nuestro Señor.
**R. Amén.**

# 25

## Por un diácono (398-21)

Señor Dios,
tú enviaste a tu Hijo al mundo
a predicar la Buena Nueva de la salvación
y a derramar su Espíritu de gracia sobre tu Iglesia.

Mira con bondad a tu siervo N.
Como diácono de la Iglesia
fue fortlecido por el don del Espíritu
para predicar la Buena Nueva,
para servir en tu asamblea,
y para realizar obras de caridad.

Concédele la recompensa prometida
a los que manifiestan su amor por ti
con el servicio a su prójimo.
Por Jesucristo, nuestro Señor.
**R. Amén.**

# 26

## Por un religioso laico o una religiosa (398-22)

Dios todopoderoso,
te rogamos por nuestro hermano (nuestra hermana) N.,
que respondió al llamado de Cristo
siguió con entusiasmo las sendas del amor perfecto.

Concédele participar en el regocijo
del día de la manifestación de tu gloria
y que en compañía de todos sus hermanos y hermanas
comparta para siempre la felicidad de tu reino.
Por Jesucristo, nuestro Señor.
**R. Amén.**

# 27

## Por un religioso laico o una religiosa (398-23)

Oh Dios,
fuente de toda bendición y santidad,
la voz de tu Espíritu ha llamado
a innumerable hombres y mujeres
a seguir a Jesucristo y a vincularse a ti
con ánimo decidido y un corazón lleno de amor.

Mira con bondad a N.
quien se esforzó por cumplir sus votos,
y concédele la recompensa prometida
a todos los siervos buenos y fieles.
Por Jesucristo, nuestro Señor.
**R. Amén.**

# 28

**Por alguien que trabajó al servicio del Evangelio** (398-24)

Señor, imploramos humildemente tu misericordia,
para que nuestro hermano (nuestra hermana) N.,
que entregó su vida al servicio del Evangelio,
alcance el premio de tu reino.
Por Jesucristo, nuestro Señor.
**R. Amén.**

# 29

**Por un niño bautizado (una niña bautizada)** (398-25)

Señor, en nuestro dolor invocamos tu misericordia:
escucha nuestras súplicas,
y reúnenos un día de nuevo con N.,
quien, creemos firmenente,
que goza ya de la vida eterna en tu reino.
Por Jesucristo, nuestro Señor.
**R. Amén.**

# 30

**Por un niño bautizado (una niña bautizada)** (398-26)

Te rogamos humildemente, Señor,
que acojas en el paraíso
al niño (a la niña) N., a quien tanto amas;
que goce junto a ti en aquel lugar,
donde no hay llanto ni luto ni dolor,
sino paz y alegría sin fin,
con tu Hijo y el Espíritu Santo,
por los siglos de los siglos.
**R. Amén.**

# 31

### Por una persona joven (398-27)

A tí, Señor, que eres el dueño de la vida humana,
y quien dispone su término,
te encomendamos a nuestro hermano (nuestra hermana) N.,
cuya temprana muerte nos aflige,
para que su juventud vuelva a florecer
junto a ti, en tu casa y para siempre.
Por Jesucristo, nuestro Señor.
**R. Amén.**

# 32

### Por una persona joven (398-28)

Señor Dios,
en tu amorosa providencia
nos diste a N.
para que creciera en sabiduría, edad, y gracia.

Ahora que lo (la) has llamado a tu presencia,
dale su plenitud en Cristo
con todos los ángeles y santos,
que conocen tu amor y glorifican tu voluntad salvadora.
Por Jesucristo, nuestro Señor.
**R. Amén.**

# 33

## Por los padres (398-29)

Dios nuestro, tú que nos has mandado honrar
a quienes nos dieron la vida,
ten misericordia de mi padre
(mi madre) (mis padres) (nuestros padres),
perdónale (s) sus pecados
y haz que volvamos a encontrarnos
en el gozo eterno de tu gloria.
Por Jesucristo, nuestro Señor.
**R. Amén.**

# 34

## Por un padre o una madre (398-30)

Dios de nuestros antepasados en la fe,
por la alianza del Sinaí
enseñaste a tu pueblo a fortalecer los lazos familiares
por la fe, el honor, y el amor.
Mira con bondad a N., padre amoroso (madre amorosa),
que se esforzó por guiar sus hijos hacia ti.
Llévalo (Llévala) a tu hogar celestial
donde los santos moran en paz y felicidad.
Por Jesucristo, nuestro Señor.
**R. Amén.**

# 35

### Por los cónyuges (398-31)

Señor, que tu misericordia absuelva de todas sus culpas
a tus hijos N. y N.,
a quienes el amor conyugal unió en esta vida,
para que la plenitud de tu amor
los una para siempre en la vida eterna.
Por Jesucristo, nuestro Señor.
**R. Amén.**

# 36

### Por los cónyuges (398-32)

Padre eterno,
que desde el principio
estableciste el amor del hombre y de la mujer
como signo de creación,
concede misericordia y paz a N. y N.,
quienes, por su amor mutuo,
fueron signos del amor creador,
Por Jesucristo, nuestro Señor.
**R. Amen.**

# 37

### Por los cónyuges (398-33)

Oh Dios,
que estableciste el matrimonio
como figura de las bodas del Cordero,
mira con misericordia a N. y N.
y condúcelos al banquete de los santos
en tu mansión celestial.
Por Jesucristo, nuestro Señor.
**R. Amén.**

# 38

**Por una esposa** (398-34)

Dios eterno,
que hiciste de la unión del hombre y la mujer
un signo del vínculo de Cristo con la Iglesia,
concede misericordia y paz a N.,
que estuvo unido en amor a su esposo N.
Por su solicitud y devoción a su familia en este mundo
asócialo los gozos de tu familia en el cielo.
Por Jesucristo, nuestro Señor.
**R. Amén.**

# 39

**Por un esposo** (398-35)

Dios eterno,
que hiciste de la unión del hombre y la mujer
un signo del vínculo de Cristo con la Iglesia,
concede misericordia y paz a N.,
que estuvo unido en amor a su esposa N.
Por su solicitud y devoción a su familia en este mundo
asócialo a los gozos de tu familia en el cielo.
Por Jesucristo, nuestro Señor.
**R. Amén.**

# 40

## Por un no cristiano casado con una persona católica
(398-36)

Creador fiel y todopoderoso,
cuanto existe es obra tuya
y nos formaste a tu imagen.
Acoge bondadoso el alma de N.,
unido (unida) en matrimonio a tu hija (hijo) N.
Consuela los corazones de los que lo (la) aman
con la esperanza de que encontrará
paz y descanso en tu reino.
Por Jesucristo, nuestro Señor.
**R. Amén.**

# 41

## Por una persona anciana (398-37)

Dios eterno,
refugio y fortaleza nuestra de generación en generación,
antes de que nacieran las montañas,
antes de que la tierra fuera hecha,
tú eres Dios.
Apiádate de tu siervo (sierva) N.
cuya larga vida dedicó a tu servicio.
Concédele un lugar en tu reino,
donde es firme esperanza para los que te aman
y seguro el descanso para los que te sirven.
Por Jesucristo, nuestro Señor.
**R. Amén.**

# 42

## Por una persona anciana (398-38)

Dios misericordioso,
te damos gracias por la larga vida de tu siervo (sierva) N.,
que ahora descansa de la carga de sus años.
Ya que te sirvió con fidelidad durante su vida,
concédele la plenitud de tu paz y de tu gozo.

Te lo pedimos en el nombre de Jesús,
nuestro Señor resucitado,
que vive y reina por los siglos de los siglos.
**R. Amén.**

# 43

## Por alguien que falleció después de una larga enfermedad (398-39)

Dios nuestro, que quisiste
que nuestro hermano (nuestra hermana) N.
te sirviera en la prueba de su larga enfermedad,
te pedimos que quien fue paciente
a ejemplo de tu Hijo,
alcance el premio de su misma gloria.
Por Jesucristo, nuestro Señor.
**R. Amén.**

# 44

**Por alguien que falleció
después de una larga enfermedad** (398-40)

Dios siempre fiel,
grande es el valor de los que esperan en ti.
Tu siervo (sierva) N. sufrió mucho,
pero puso su confianza en tu misericordia.
Creemos que la súplica de los que lloran
traspasa las nubes y encuentra respuesta.
Te pedimos que des descanso a N.
No tomes en cuenta sus pecados,
sino mira sus sufrimientos
y concédele alivio, luz, y paz en tu reino.
Por Jesucristo, nuestro Señor.
**R. Amén.**

# 45

**Por alguien que falleció
después de una larga enfermedad** (398-41)

Oh Dios,
tú eres agua para nuestra sed
y maná en nuestro desierto.
Te bendecimos por la vida de N.
y alabamos tu misericordia
ha dado fin a su sufrimiento.
Ahora te pedimos esa misma infinita misericordia
para que lo (la) resucites a una nueva vida
y alimentado (alimentada) con manjares,
descanse para siempre
en el gozo de Jesucristo, nuestro Señor.
**R. Amén.**

# 46

## Por alguien que falleció de forma repentina (398-42)

Señor, que tu infinita bondad
nos consuele en el dolor
de esta muerte inesperada
e ilumine nuestra pena
con la firme confianza
de que nuestro hermano (nuestra hermana) N.
vive ya feliz en tu compañía.
Por Jesucristo, nuestro Señor.
**R. Amén.**

# 47

## Por alguien que murió de forma accidental o violenta (398-43)

Señor Dios nuestro,
tú eres siempre fiel y rico en misericordia.
Nuestro hermano (nuestra hermana) N.
nos fue arrebatado (arrebatada) repentinamente
[repentina y violentamente].
Acude presuroso en su ayuda,
ten misericordia de él (ella),
y consuela a su familia y amigos
con el poder y la protección de la cruz.
Por Jesucristo, nuestro Señor.
**R. Amén.**

# 48

**Por un (una) suicida** (398-44)

Dios, que amas las alma de tus fieles,
cuida de tu obra
y mira con bondad a tu siervo (sierva) N.
Por la sangre de la cruz
perdónale sus faltas y pecados.

Recuerda le fe de los que sufren
y satisface su ansia de ver ese día
cuando todos seremos renovados
en Jesucristo, Señor nuestro,
que vive y reina contigo por los siglos de los siglos.
**R. Amén.**

# 49

**Por un (una) suicida** (398-45)

Dios todopoderoso y Padre de todos,
tú nos fortaleces por el misterio de la cruz
y el sacramento de la resurrección de tu Hijo.
Ten misericordia de nuestro hermano (nuestra hermana) N.
Perdona todos sus pecados y concédele la paz.
Que los que lloramos esta muerte repentina
seamos consolados por tu poder y protección.
Por Jesucristo, nuestro Señor.
**R. Amén.**

# 50

**Por varias personas** (398-46)

Señor,
en las aguas del Bautismo
tú les diste nueva vida a N. y N.;
muéstrales ahora tu misericordia
y llévalos (llévalas) a la felicidad de la vida en tu reino.
Por Jesucristo, nuestro Señor.
**R. Amén.**

# 51

**Por varias personas** (398-47)

Dios todopoderoso,
que nunca niegas tu misericordia
a los que esperan en ti,
mira con bondad a tus siervos (siervas) N. y N.,
que dejaron esta vida confesando tu nombre,
y cuéntalos (cuéntalas) entre tus santos eternamente.
Por Jesucristo, nuestro Señor.
**R. Amén.**

# Segunda parte:
# Liturgia de la Palabra

Lecturas
- Primera Lectura (del Antiguo Testamento)
- Primera Lectura (del Nuevo Testamento durante el tiempo Pascual)
- Salmo Responsorial
- Segunda Lectura (del Nuevo Testamento)
- Aleluya y acclamación del evangelio

Evangelio

Plegarias universales

# Primera Lectura del Antiguo Testamento

## 1. Lectura del libro de Job 19,1.23-27 (80)*

*Yo sé bien que mi defensor está vivo.*

En aquello días, Job tomó la palabra y dijo: "Ojalá que mis palabras se escribieran; ojalá que se grabaran en láminas de bronce o con punzón de hierro se esculpieran en la roca para siempre.

Yo sé bien que mi defensor está vivo y que al final se levantará a favor del humillado; de nuevo me revestiré de mi piel y con mi carne veré a mi Dios; yo mismo lo veré y no otro, mis propios ojos lo contemplarán. Ésta es la firme esperanza que tengo."

**R. Palabra de Dios.**

*Forma extensa:*

## 2. Lectura del libro de la Sabiduría 3,1-9 (93)

*Los aceptó como un holocausto agradable.*

Las almas de los justos están en las manos de Dios
y no los alcanzará ningún tormento.
Los insensatos, pensaban que los justos habían muerto,
que su salida de este mundo era una desgracia
y su salida de entre nosotros, una completa destrucción.
Pero los justos están en paz.

La gente pensaba que sus sufrimientos eran un castigo,
pero ellos esperaban confiadamente la inmortalidad.
Después de breves sufrimientos
recibrán una abundante recompensa,
pues Dios los puso a prueba

*Las lecturas, los salmos y evangelios son de *Leccionario III Propio de los Santos y Otras Misas*, Buena Prensa 1998.

y los halló dignos de sí.
Los probó como oro en el crisol
y los aceptó como un holocausto agradable.

En el día del juicio brillarán los justos
como chispas que se propagan en un cañaveral.
Juzgarán a las naciones y dominarán a los pueblos,
y el Señor reinará eternamente sobre ellos.
Los que confían en el Señor comprenderán la verdad
y los que son fieles a su amor permanecerán a su lado,
porque Dios ama a sus elegidos y cuida de ellos.

*O bien: Forma breve:*

## Lectura del libro de la Sabiduría 3,1-6.9

*Los aceptó como un holocausto agradable.*

Las almas de los justos están en las manos de Dios
y no los alcanzará ningún tormento.
Los insensatos pensaban que los justos habían muerto,
que su salida de este mundo era una desgracia
y su salida de entre nosotros, una completa destrucción.
Pero los justos están en paz.

La gente pensaba que sus sufrimientos eran un castigo,
pero ellos esperaban confiadamente la inmortalidad.
Después de breves sufrimientos
recibirá una abundante recompensa,
pues Dios los puso a prueba
y los halló dignos de sí.
Los probó como oro en el crisol
y los aceptó como un holocausto agradable.

Los que confían en el Señor comprenderán la verdad
y los que son fieles a su amor permanecerán a su lado,
porque Dios ama a sus elegidos y cuida de ellos.
   R. Palabra de Dios.

## 3. Lectura del libro de la Sabiduría 4,7-15 (94)

*La edad avanzada se mide por una vida intachable.*

El justo, aunque muera prematuramente, hallará descanso;
porque la edad venerable no consiste en tener larga vida
ni se mide por el número de años.
Las verdaderas canas del hombre son la prudencia
y la edad avanzada se mide por una vida intachable.

Cumplió la voluntad de Dios, y Dios lo amó.
Vivía entre pecadores, y Dios se lo llevó;
se lo llevó para que la malicia no pervirtiera su conciencia,
para que no se dejara seducir por el engaño,
pues la fascinación del mal oscurece el bien
y el vértigo de las pasiones pevierte a las almas inocentes.

Llegó a la perfección en poco tiempo
y con eso alcanzó la plenitud de una larga vida.
Su vida le fue agradable a Dios,
por lo cual el Señor se apresuró a sacarlo de entre la maldad.
La gente ve, pero no comprende ni se da cuenta
de que Dios ama a los justos y se compadece de sus elegidos.
    R. Palabra de Dios.

## 4. Lectura del libro del profeta Isaías 25,6a.7-9 (116)

*El Señor destruirá la muerte para siempre.*

En aquel día, el Señor del universo
preparará sobre este monte
un festín con platillos suculentos
para todos los pueblos.

El arrancará en este monte
el velo que cubre el rostro de todos los pueblos,
el paño que oscurece a todas las naciones.
Destruirá la muerte para siempre;
el Señor Dios enjugará las lágrimas de todos los rostros

y borrará de toda la tierra la afrenta de su pueblo.
Así lo ha dicho el Señor.

En aquel día se dirá;
"Aquí está nuestro Dios,
de quien esperábamos que nos salvara;
alegrémonos y gocemos con la salvación que nos trae".
  **R. Palabra de Dios.**

## 5. Lectura del libro de las Lamentaciones 3,17-26 (151)

*Es bueno esperar en silencio la salvación de Señor.*

Me han arranchado la paz
y ya no me acuerdo de la dicha.
Pienso que se me acabaron ya las fuerzas
y la esperanza en el Señor.

Fíjate, Señor, en mi pesar,
en esta amarga hiel que me envenena.
Apenas pienso en ello, me invade el abatimiento.
Pero, apenas me acuerdo de ti,
me lleno de esperanza.

La misericordia del Señor nunca termina
y nunca se acaba su compasión;
al contrario, cada mañana se renuevan.
¡Qué grande es el Señor!

Yo me digo:
"El Señor es la parte que me ha tocado en herencia"
y en el Señor pongo mi esperanza.
El Señor es bueno con aquellos que en él esperan,
con aquellos que lo buscan.

Es bueno esperar en silencio la salvación del Señor.
  **R. Palabra de Dios.**

## 6. Lectura del libro del profeta Daniel 12,1-3 (163)

*Muchos de los que duermen en el polvo, despertarán.*

En aquel tiempo, se levantará Miguel, el gran príncipe que defiende a tu pueblo.

Será aquél un tiempo de angustia, como no lo hubo desde el principio del mundo. Entonces se salvará tu pueblo; todos aquellos que están escritos en el libro. Muchos de los que duermen en el polvo, despertarán; unos para la vida eterna, otros para el eterno castigo.

Los quías sabios brillarán como el esplendor del firmamento, y los que enseñan a muchos la justicia, resplandecerán como estrellas por toda la eternidad.

**R. Palabra de Dios.**

## 7. Lectura del segundo libro de los Macabeos 12,43-46 (76)

*Obró con gran rectitud y nobleza,*
*pensando en la resurrección.*

En aquellos días, Judas Macabeo, jefe de Israel, hizo una colecta y recogió dos mil dracmas de plata, que envió a Jerusalén para que ofrecieran un sacrificio de expiación por los pecados de los que habían muerto en la batalla.

Obró con gran rectitud y nobleza, pensando en la resurrección, pues si no hubiera esperado la resurrección de sus compañeros, habría sido completamente inútil orar por los muertos. Pero él consideraba que a los que habían muerto piadosamente, les estaba reservada una magnífica recompensa.

En efecto, orar por los difuntos para que se vean libres de sus pecados es una acción santa y conveniente.

**R. Palabra de Dios.**

# Primera Lectura del NuevoTestamento durante el tiempo Pascual

*Forma extensa:*

## 1. Lectura del libro de los Hechos de los Apóstoles 10,34-43 (462)

*Dios ha constituido a Jesús como juez de vivos y muertos.*

En aquellos días, Pedro se dirigió a Cornelio y los que estaban en su casa, con estas palabras: "Ahora caigo en la cuenta de que Dios no hace distinción de personas, sino que acepta al que lo teme y practica la justicia, sea de la nación que fuere. Él envió su palabra a los hijos de Israel, para anunciarles la paz por medio de Jesucristo, Señor de todos.

Ya saben ustedes lo sucedido en toda Judea, que tuvo principio en Galilea, después del bautismo predicado por Juan: cómo Dios ungió con el poder del Espíritu Santo a Jesús de Nazaret, y cómo éste pasó haciendo el bien sanando a todos los oprimidos por el diablo, porque Dios estaba con él.

Nosotros somos testigos de cuanto él hizo en Judea y en Jerusalén. Lo mataron colgándolo de la cruz, pero Dios lo resucitó al tercer día y concedió verlo, no a todo el pueblo, sino únicamente a los testigos que él, de antemano, había escogido: a nosotros, que hemos comido y bedido con él después de que resucitó de entre los muertos.

El nos mandó predicar al pueblo y dar testimonio de que Dios lo ha constituido juez de vivos y muertos, El testimonio de los profetas es unánime: que cuantos creen en él reciben, por su medio, el perdón de los pecados".
**R. Palabra de Dios.**

*O bien: Forma breve:*

## Lectura del libro de los Hechos de los Apóstoles 10,4-36.42-43

*Dios ha constituido a Jesús como juez de vivos y muertos.*

En aquellos días, Pedro se dirigió a Cornelio y a los que estaban en su casa, con estas palabras: "Ahora caigo en la cuenta de que Dios no hace distinción de personas, sino que acepta al que lo teme y practica la justicia, sea de la nación que fuere. Él envió su palabra a los hijos de Israel, para anunciarles la paz por medio de Jesucristo, Señor de todos.

Él nos mandó predicar al pueblo y dar testimonio de que Dios lo ha constituido juez de vivos y muertos. El testimonio de los profetas es unánime: que cuantos creen en él reciben, por su medio, el perdón de los pecados".

R. Palabra de Dios.

## 2. Lectura del libro del Apocalipsis del apóstol san Juan 14,13 (703)

*Dichosos los que mueren en el Señor.*

Yo, Juan, oí una voz a que venía del cielo y me decía: "Escribe: 'Dichosos ya desde ahora los muertos que han muerto en el Señor. El Espíritu es quien lo dice: Que descansen ya de sus fatigas, pues sus obras los acompañan".

R. Palabra de Dios.

## 3. Lectura del libro del Apocalipsis del apóstol san Juan 20,11-21,1 (705)

*Los muertos fueron juzgados conforme a sus obras.*

Yo, Juan, vi un trono brillante y magnífico y al que estaba sentado en él. El cielo y la tierra desaparecieron de su presencia sin dejar rastro. Y vi a los muertos, grandes y pequeños, de pie delante del trono. Fueron abiertos unos libros y también el libro de la vida. Los muertos fueron juzgados conforme a sus obras, que estaban escritas en esos libros.

El mar devolvió sus muertos; la muerte y el abismo devolvieron los muertos que guardaban en su seno. Cada uno fue juzgado según sus obras. La muerte y el abismo fueron arrojados al lago de fuego; este lago es la muerte definitiva. Y a todo el que no estaba escrito en el libro de la vida lo arrojaron al lago de fuego.

Luego vi un cielo nuevo y una tierra nueva, porque el primer cielo y la primera tierra habían desaparecido y el mar ya no existía.

**R. Palabra de Dios.**

## 4. Lectura del libro del Apocalipsis del apóstol san Juan 21,1-5a.6b-7 (707)

*Yo no habrá muerte.*

Yo, Juan, vi un cielo nuevo y una tierra nueva, porque el primer cielo y la primera tierra habían desaparecido y el mar ya no existía.

También vi que descendía al cielo, desde donde está Dios, la ciudad santa, la nueva Jerusalén, engalanada como una novia que va a desporarse con su prometido. Oí una gran voz, que venía del cielo, que decía:

"Ésta es la morada de Dios entre los hombres;
vivirá con ellos como su Dios
y ellos serán su pueblo.
Dios les enjugará todas sus lágrimas
y ya no habrá muerte ni duelo,
ni penas ni llantos,
porque ya todo lo antiguo terminó".

Entonces el que estaba sentado en el trono, dijo: "Ahora yo voy a hacer nuevas todas las cosas. Yo soy el Alfa y la Omega, el principio y el fin. Al sediento le daré a beber gratis del manantial del agua de la vida. El vencedor recibirá esta herencia, y yo seré su Dios y él será mi hijo".

**R. Palabra de Dios**

# Salmos Responsoriales

## 1. Salmo 22(23) (740)

(1) **R.** El Señor es mi pastor, nada me falta.
(2) **R.** Aunque camine por cañadas oscuras, nada temo, porque tú vas conmigo.

El Señor es mi pastor nada me falta:
en verdes praderas me hace recostar;
me conduce hacia fuentes tranquilas
y repara mis fuerzas;
me guía por el sendero justo,
por el honor de su nombre. **R.**

Aunque camine por cañadas oscuras,
nada temo, porque tú vas conmigo:
tu vara y tu cayado me sosiegan. **R.**

Preparas una mesa ante mí,
enfrente de mis enemigos;
me unges la cabeza con perfume,
y mi copa rebosa. **R.**

Tu bondad y tu misericordia me acompañan
todos los días de mi vida,
y habitaré en la casa del Señor
por años sin término. **R.**

## 2. Salmo 24(25),6 y 7bc.17-18.20-21 (745)

(1) **R.** A ti Señor levanto mi alma.
(2) **R.** Los que esperan en ti, Señor, no quedan defraudados.

Recuerda, Señor, que tu ternura
y tu misericordia son eternas;
acuérdate de mí con misericordia,
por tu bondad, Señor. **R.**

Ensancha mi corazón oprimido
y sacáme de mis tribulaciones.

Mira mis trabajos y mis penas
y perdona mis pecados. **R.**

Guarda mi vida y líbrame,
no quede yo defraudado de haber acudido a ti.
La inocencia y la rectitud me protegerán,
porque espero en ti. **R.**

### 3. Salmo 26(27),1.4.7 y 8b y 9a.13-14 (756)

(1) **R.** El Señor es mi luz y mi salvación.
(2) **R.** Espero gozar de la dicha del Señor en el país de la vida.

El Señor es mi luz y mi salvación,
¿a quién temeré?
El Señor es la defensa de mi vida,
¿quién me hará temblar? **R.**

Una cosa pido al Señor,
eso buscaré:
habitar en la casa del Sénor
por los días de mi vida;
gozar de la dulzura del Señor,
contemplando su templo. **R.**

Escúchame, Señor, que te llamo;
ten piedad, respóndeme.
Tu rostro buscaré, Señor,
no me escondas tu rostro. **R.**

Espero gozar de la dicha del Señor
en el país de la vida.
Espera en el Señor, sé valiente,
ten ánimo, espera en el Señor. **R.**

### 4. Salmos 41(42),2.3.5bcd; 42(43),3.4.5 (786)

**R.** Mi alma tiene sed del Dios vivo.

Como busca la cierva
corrientes de agua,

así mi alma te busca
a ti, Dios mío. **R.**

Tiene sed de Dios,
del Dios vivo:
¿cuándo entraré a ver
el rostro de Dios? **R.**

Recuerdo cómo marchaba a la cabeza del grupo
hacia la casa de Dios,
entre cantos de júbilo y alabanza. **R.**

Envía tu luz y tu verdad:
que ellas me guíen
y me conduzcan hasta tu monte santo,
hasta tu morada. **R.**

Que yo me acerque al altar de Dios,
al Dios de mi alegría;
que te dé gracias al son de la cítara,
Dios, Dios mío. **R.**

¿Por qué te acongojas, alma mía,
por qué te me turbas?
Espera en Dios, que volverás a alabarlo:
"Salud de mi rostro, Dios mío". **R.**

## 5. Salmo 62(63),2.3-4.5-6.8-9 (798)
**R.** Mi alma está sedienta de ti, mi Dios.

Oh Dios, tú eres mi Dios, por ti madrugo,
mi alma está sedienta de ti;
mi carne tiene ansia de ti,
como tierra reseca, agostada, sin agua. **R.**

¡Cómo te contemplaba en el santuario
viendo tu fuerza y tu gloria!
Tu gracia vale más que la vida,
te alabarán mis labios. **R.**

Toda mi vida te bendeciré
y alzaré las manos invocándote.
Me saciaré como de enjundia y de manteca,
y mis labios te alabarán jubilosos. **R.**

Porque fuiste mi auxilio,
y a la sombra de tus alas canto con júbilo;
mi alma está unida a ti,
y tu diestra me sostiene.

## 6. Salmo 102(103), 8 y 10.13-14.15-16.17-18 (852)

(1) **R.** El Señor es compasivo y misericordioso.
O *bien:*
(2) **R.** El Señor es quien salva a los justos.

El Señor es compasivo y misericordioso,
lento a la ira y rico en clemencia.
No nos trata como merecen nuestros pecados
ni nos paga según nuestras culpas. **R.**

Como un padre siente ternura por sus hijos,
siente el Señor ternura por sus fieles;
porque él conoce nuestsra masa,
se acuerda de que somos barro. **R.**

Los días del hombre duran lo que la hierba,
florecen como flor del campo,
que el viento la roza, y ya no existe,
su terreno no volverá a verla. **R.**

Pero la misericordia del Señor dura siempre,
su justicia pasa de hijos a nietos:
para los que guardan la alianza
y recitan y cumplen sus mandatos. **R.**

## 7. Salmo 114(116),5-6; y 115(116),10-11.15-16ac (870)

(1) **R**. Caminaré en presencia del Señor en el país de la vida.
*O bien:*
(2) **R**. Aleluya.

El Señor es benigno y justo,
nuestro Dios es compasivo;
el Señor guarda a los sencillos:
estando yo sin fuerzas, me salvó. **R**.

Tenía fe, aun cuando dije:
"¡Que desgraciado soy!".
Yo decía en mi apuro:
"Los hombres son unos mentirosos". **R**.

Mucho le cuesta al Señor
la muerte de sus fieles.
Señor, yo soy tu siervo:
rompiste mis cadenas. **R**.

## 8. Salmo 121(122),1-2.4-5.6-7.8-9 (889)

(1) **R**. ¡Qué alegría cuando me dijeron:
"Vamos a la casa del Señor!"
*O bien:*
(2) **R**. Vamos alegres a la casa del Señor.

¡Qué alegría cuando me dijeron:
"Vamos a la casa del Señor!"
Ya están pisando nuestros pies
tus umbrales, Jerusalén. **R**.

Allá suben las tribus,
las tribus del Señor,
según la costumbre de Israel,
a celebrar el nombre del Señor;
en ella están los tribunales de justicia,
en el palacio de David. **R**.

Desean la paz a Jerusalén:
"Vivan seguros los que te aman,
haya paz dentro de tus muros,
seguridad en tus palacios". **R.**

Por mis hermanos y compañeros,
voy a decir: "La paz contigo".
Por la casa del Señor, nuestro Dios,
te deseo todo bien. **R.**

## 9. Salmo 129(130), 1-2.3-4.5-6a. 6b-7.8 (902)

(1) **R.** Desde lo hondo a ti grito, Señor.
*O bien:*
(2) **R.** Espero en el Señor, espero en su palabra.

Desde lo hondo a ti grito, Señor;
Señor, escucha mi voz;
estén tus oídos atentos
a la voz de mi súplica. **R.**

Si llevas cuenta de los delitos, Señor,
¿quién podrá resistir?
Pero de ti procede el perdón,
y así infundes respeto. **R.**

Mi alma espera en el Señor,
espera en su palabra;
mi alma aguarda al Señor,
más que el centinela la aurora. **R.**

Aguarde Israel al Señor,
como el centinela la aurora;
porque del Señor viene la misericordia,
la redención copiosa. **R.**

Y él redimirá a Israel
de todos sus delitos. **R.**

## 10. Salmo 142(143),1-2.5-6.7ab y 8ab.10 (906)

**R.** Señor, escucha mi oración.

Señor, escucha mi oración;
tú que eres fiel, atiende a mi súplica;
tú, que eres justo, escúchame.
No llames a juicio a tu siervo,
pues ningún hombre vivo
es inocente frente a ti. **R.**

Recuerdo los tiempos antiguos,
medito todas tus acciones,
considero las obras de tus manos
y extiendo mis brazos hacia ti:
tengo sed de ti como tierra reseca. **R.**

Escúchame en seguida, Señor,
que me falta el aliento.
En la mañana hazme escuchar tu gracia,
ya que confío en ti. **R.**

Enséñame a cumplir tu voluntad,
ya que tú eres mi Dios.
Tu espíritu, que es bueno,
me guíe por tierra llana. **R.**

# Segunda Lectura del Nuevo Testamento

## 1. Lectura de la carta del apóstol san Pablo a los Romanos 5,5-11 (483)

*Justificados por la sangre de Cristo, seremos salvados por él del castigo final.*

Hermanos y hermanas: La esperanza no defrauda porque Dios ha infundido su amor en nuestros corazones por medio del Espíritu Santo, que él mismo nos ha dado.

En efecto, cuando todavía no teníamos fuerzas para salir del pecado, Cristo murió por los pecadores en el tiempo señalado. Difícilmente habrá alguien que quiera morir por un justo, aunque puede haber alguno que esté dispuesto a morir por una persona sumamente buena. Y la prueba de que Dios nos ama está en que Cristo murió por nosotros, cuando aún éramos pecadores.

Con mayor razón, ahora que ya hemos sido justificados por su sangre, seremos salvados por él del castigo final. Porque, si cuando éramos enemigos de Dios, fuimos reconciliados con él por la muerte de su Hijo, con mucho más razón, estando ya reconciliados, recibiremos la salvación participando de la vida de su Hijo, Y no sólo esto, sino que también nos gloriamos en Dios, por medio de nuestro Señor Jesucristo, por quien hemos obtenido ahora la reconciliación.

**R. Palabra de Dios.**

## 2. Lectura de la carta del apóstol san Pablo a los Romanos 5,17-21 (485)

*Donde abundó el pecado, sobreabundó la gracia.*

Hermanos y hermanas: Si por el pecado de un solo hombre estableció la muerte su reinado, con mucho mayor razón reinarán en la vida por un solo hombre, Jesucristo, aquellos que reciben la gracia sobreabundante que los hace justos.

En resumen, así como por el pecado de un solo hombre, Adán, vino la condenación para todos, así por la justicia de un solo hombre, Jesucristo, ha venido para todos la justificación que da la vida. Y así como por la desobediencia de uno, todos fueron hechos pecadores, así por la obediencia de uno solo, todos serán hechos justos.

En cuanto a la ley, su llegada sirvió para hacer que el pecado creciera. Pero, donde abundó el pecado , sobreabundó la gracia, para que así conmo el pecado tuvo poder para causar le muerte, así también la gracia de Dios, al justificarnos, tenga poder para cnducirnos a la vida eterna por medio de Jesús, nuestro Señor.

**R. Palabra de Dios.**

*Forma extensa:*

# 3. Lectura de la carta del apóstol san Pablo a los Romanos 6,3-9 (489)

*Fuimos sepultados con él por medio del bautismo para que emprendamos una vida nueva.*

Hermanos y hermanas: Todos los que hemos sido incorporados a Cristo Jesús por medio del bautismo, hemos sido incorporados a su muerte. En efecto, por el bautismo fuimos sepultados con él en su muerte, para que, así como Cristo resucitó de entre los muertos por la gloria del Padre, así también nosotros llevemos una vida nueva.

Porque, si hemos estado íntimamente unidos a él por una muerte semejante a la suya, también lo estaremos en su resurrección. Sabemos que nuestro viejo yo fue crucificado con Cristo, para que el cuerpo del pecado quedara destruido, a fin de que ya no sirvamos al pecado, pues el que ha muerto queda libre del pecado.

Por lo tanto, si hemos muerto con Cristo, estamos seguros de que también viviremos con él; pues sabemos que Cristo, una vez resucitado de entre los muertos, ya nunca morirá. La muerte ya no tiene dominio sobre él.

**R. Palabra de Dios.**

*O bien: Forma breve:*

# Lectura de la carta del apóstol san Pablo a los Romanos 6,3-4.8-9

*Fuimos sepultados con él por medio del bautismo para que emprendamos una vida nueva.*

Hermanos y hermanas: Todos los que hemos sido incorporados a Cristo Jesús por medio del bautismo, hemos sido incorporados a su muerte. En efecto, por el bautismo fuimos sepultados con él en su muerte, para que, así como Cristo resucitó de entre los muertos por la gloria del Padre, así también nosotros llevemos una vida nueva.

Por lo tanto, si hemos muerto con Cristo, estamos seguros de que también viviremos con él; pue sabemos que Cristo, una vez resucitado de entre los muertos, ya munca morirá. La muerte ya no tiene dominio sobre él.

**R. Palabra de Dios.**

## 4. Lectura de la carta del apóstol san Pablo a los Romanos 8,14-23 (494)

*Anhelamos la redención de nuestro cuerpo.*

Hermanos y hermanas: Los que se dejan guiar por el Espíritu de Dios, ésos so hijos de Dios. No han recibido ustedes un espíritu de esclavos, que los haga temer de nuevo, sino un espíritu de hijos, en virtud del cual podemos llamar Padre a Dios.

El mismo Espíritu Santo, a una con nuestro propio espíritu, da testimonio de que somos hijos de Dios. Y si somos hijos, somos también herederos de Dios y coheredros con Cristo, puesto que sufrimos con él para ser glorificados junto con él.

Considero que los sufrimientos de esta vida no se pueden comparar con la gloria que un día se manifestará en nosotros; porque toda la creación espera, con seguridad e impaciencia, la revelación de esa gloria de los hijos de Dios.

La creación está ahora sometida al desorden, no por su querer, sino por voluntad de aquel que la sometió, pero dándole al mismo tiempo esta esperanza: que también ella misma va ser liberada de la esclavitud de la corrupción, para compartir la gloriosa libertad de los hijos de Dios.

Sabemos, en efecto, que la creación entera gime hasta el presente y sufre dolores de parto; y no sólo ella, sino también nosotros, los que poseemos las primicias del Espíritu, gemimos interiormente, anhelando que se realice plenamente nuestra condición de hijos de Dios, la redención de nuestro cuerpo.

**R. Palabra de Dios.**

## 5. Lectura de la carta del apóstol san Pablo a los Romanos 8,31b-35.37-39 (506)

*¿Qué cosa podrá apartanos del amor*
*con que nos ama Cristo?*

Hermanos y hermanas: Si Dios está a nuestro favor, ¿Quién estará en contra nuestra? El que no nos escatimó a su propio Hijo, sino que lo entregó por todos nosotros, ¿Cómo no va a estar dispuesto a dárnoslo todo, junto con su Hijo? ¿Quién acusará a los elegidos de Dios? Si Dios mismo es quien los perdona, ¿Quién será el que los condene? ¿Acaso Jesucristo, que murió, resucitó y está a la derecha de Dios para interceder por nosotros?

¿Qué cosa podrá apartarnos del amor con que nos ama Cristo? ¿Las tribulaciones? ¿Las angustias? ¿La persecucion? ¿El hambre? ¿La desnudez? ¿El peligro? ¿La espada?

Ciertamente de todo esto salimos más que victoriosos, gracias a aquel que nos ha amado; pues estoy convencido de que ni la muerte ni la vida, ni los ángeles ni los demonios, ni el presente ni el futuro, ni los poderes de este mundo, ni lo alto ni lo bajo, ni creatura alguna podrá apartarnos del amor que nos ha manifestado Dios en Cristo Jesús.

**R. Palabra de Dios.**

## 6. Lectura de la carta del apóstol san Pablo a los Romanos 14,7-9.10b-12 (514)

*Si vivimos, para el Señor vivimos; y si morimos,*
*para el Señor morimos.*

Hermanos y hermanas: Ninguno de nosotros vive para sí mismo, ni muere para sí mismo. Si vivimos, para el Señor vivimos; y si morimos, para el Señor morimos. Por lo tanto, ya sea que estemos vivos o que hayamos muerto, somos del Señor. Porque Cristo murió y resucitó para ser Señor. Porque Cristo murió y resucitó para ser Señor de vivos y muertos.

Todos vamos a comparecer ante el tribunal de Dios. Como dice la Escritura: *Juro por mí mismo dice el Señor, que todos doblarán la rodilla ante mí y todos reconocerán públicamente que yo soy Dios.*

En resumen, cada uno de nosotros tendrá que dar cuenta de sí mismo a Dios.

**R. Palabra de Dios.**

*Forma extensa:*

# 7. Lectura de la primera carta del apóstol san Pablo a los Corintios 15,20-24a.25-28 (546)

*En Cristo todos volverán a la vida.*

Hermanos y hermanas: Cristo resucitó, y resucitó como la primicia de todos los muertos. Porque si por un hombre vino la muerte, también por un hombre vendrá la resurrección de los muertos.

En efecto, así como en Adán todos mueren, así en Cristo todos volverán a la vida; pero cada uno en su orden: primero Cristo, como primicia; después, a la hora de su advenimiento, los que son de Cristo.

Enseguida será la consumación, cuando Cristo entreque el Reino a su Padre. Porque él tiene que reinar hasta que el Padre ponga bajo sus pies a todos sus enemigos. El último de los enemigos en ser aniquilado, será la muerte. Es claro que cuando la Escritura dice: *Todo lo sometió el Padre a los pies de Cristo*, no incluye a Dios, que es quien le sometió a Cristo todas las cosas.

Al final, cuando todo se le haya sometido, Cristo mismo se someterá al Padre, y así Dios será Dios todo en todas las cosas.

**R. Palabra de Dios.**

*O bien: Forma breve:*

## Lectura de la primera carta del apóstol san Pablo a los Corintios 15,20-23

*En Cristo todos volverán a la vida.*

Hermanos y hermanas: Cristo resucitó, y resucitó como la primicia de todos los muertos. Porque si por un hombre vino la muerte, también por un hombre vendrá la resurrección de los muertos.

En efecto, así como en Adán todos mueren, así en Cristo todos volverán a la vida; pero cada uno en su orden: primero Cristo, como primicia; después, a la hora de su advenimiento, los que son de Cristo.

**R. Palabra de Dios.**

## 8. Lectura de la primera carta del apóstol san Pablo a los Corintios 15,51-57 (549)

*La muerte ha sido aniquilada por la victoria.*

Hermanos y hermanas: Les voy a revelar un misterio: no todos moriremos, pero todos seremos tranformados en un instante, en un abrir y cerrar de ojos, cuando suene la trompeta final. Pues al resonar la trompeta, los muertos resucitarán incorruptibles y nosotros seremos transformados. Porque es preciso que este ser nuestro, corruptible y mortal, se revista de incorruptibilidad e inmortalidad.

Y cuando nuestro ser corruptible y mortal se revista de incorruptibilidad e inmortalidad, entonces se cumplirá la palabra de la Escritura: *La muerte ha sido aniquilada por la victoria. ¿Dónte está muerte, tu vicotria? ¿Dónde está, muerte, tu aguijón?* El aguijón de la muerte es el pecado y la fuerza del pecado es la ley. Gracias, a Dios, que nos ha dado la victoria por nuestro Señor Jesucristo.

**R. Pababra de Dios.**

## 9. Lectura de la primera carta del apóstol san Pablo a los Corintios 4,14—5,1 (555)

*Lo que se ve es transitorio y lo que no se ve es eterno.*

Hermanos y hermanas: Sabemos que aquel que resucitó a Jesús nos resucitará también a nosotros con Jesús y nos colocará a su lado con ustedes. Y todo esto es para bien de ustedes, de manera que, al extenderse la gracia a más y más y personas, se multiplique la acción de gracias para gloria de Dios.

Por esta razón no nos acobardamos; pues aunque nuestro cuerpo se va desgastando, nuestro espíritu se renueva de día en día. Nuestros sufrimientos momentáneos y ligeros nos producen una riqueza eterna, una gloria que los sobrepasa con exceso.

Nosotros no ponemos la mira en lo que se ve, sino en lo que no se ve, porque lo que se ve es transitorio y lo que no se ve es eterno. Sabemos que, aunque se desmorone esta morada terrena, que nos sirve de habitación, Dios nos tiene preparada en el cielo una morada eterna, no construida por manos humanas.

**R. Palabra de Dios.**

## 10. Lectura de la segunda carta del apóstol san Pablo a los Corintios 5,1.6-10 (557)

*Dios non tiene preparada en el cielo
una morada eterna.*

Hermanos y hermanas: Sabemos que, aunque se desmorone esta morada terrena, que nos sirve de habitación, Dios nos tiene preparada en el cielo una morada eterna, no construida por manos humanas. Por eso siempre tenemos confianza, aunque sabemos que, mientras vivimos en el cuerpo, estamos desterrados, lejos del Señor. Caminamos guiados por la fe, sin ver todavía. Estamos, pues, llenos de confianza y preferimos salir de este cuerpo para vivir con el Señor.

Por eso procuramos agradarle, en el destierro o en la patria. Porque todos tendremos que comparecer ante el tribunal de Cristo, para recibir el premio o el castigo por lo que hallamos hecho en esta vida.
**R. Palabra de Dios.**

## 11. Lectura de la carta del apóstol san Pablo a los Filipenses 3,20-21 (603)

*El transfigurará nuestro cuerpo miserable en un cuerpo glorioso, semejante al suyo.*

Hermanos y hermanas: Nosotros somos ciudadanos del cielo, de donde esperamos que venga nuestro salvador, Jesucristo. El transformará nuestro cuerpo miserable en un cuerpo glorioso, semejante al suyo, en virtud del poder que tiene para someter a su dominio todas las cosas.
**R. Palabra de Dios.**

## 12. Lectura de la primera carta del apóstol san Pablo a los Tesalonicenses 4,13-18 (617)

*Estaremos con el Señor para siempre.*

Hermanos y hermanas: No queremos que ignoren lo que pasa con los difuntos, para que no vivan tristes, como los que no tienen esperanza. Pues, si creemos que Jesús murió y resucitó, de igual manera debemos creer que, a los que mueren en Jesús, Dios los llevará con él.

Lo que les decimos, como palabra del Señor, es esto: que nosotros, los que quedemos vivos para cuando, venga el Señor, no tendremos ninguna ventaja sobre los que ya murieron.

Cuando, Dios mande, que suenen las trompetas, se oirá la voz de un arcángel y el Señor mismo bajará del cielo. Enonces, los que murieron en Cristo resucitarán primero; después nosotros, los que quedemos vivos, seremos arrebatados, juntamente con ellos entre nubes, por el aire, para ir al encuentro del Señor, y así estaremos siempre con él.

Consuélense, pues, unos a otros con estas palabras.
**R. Palabra de Dios.**

## 13. Lectura de la segunda carta del apóstol san Pablo a Timoteo 2,8-13 (631)

*Si morimos con él, viviremos con él.*

Querido hermano: Recuerda siempre que Jesucristo, descendiente de David, resucitó de entre los muertos, conforme al Evangelio que yo predico. Por este Evangelio sufro hasta llevar cadenas, como un malhechor; pero la palabra de Dios no está encadenada. Por eso lo sobrellevo todo por amor a los elegidos, para que ellos también alcancen en Cristo Jesús la salvación, y con ella la gloria eterna.

Es verdad lo que decimos:

"Si morimos con él, viviremos con él;
si nos mantenemos firmes, reinaremos con él;
si lo negamos, él también nos negará;
si le somos infieles, él permanece fiel,
porque no puede contradecirse a sí mismo".
**R. Palabra de Dios.**

## 14. Lectura de la primera carta del apóstol Juan 3,1-2 (681)

*Veremos a Dios tal como es.*

Queridos hijos: Miren cuánto amor nos ha tenido el Padre, pues no sólo nos llamamos hijos de Dios, sino que lo somos. Si el mundo no nos reconoce, es porque tampoco lo ha reconocido a él.

Hermanos míos, ahora somos hijos de Dios, pero aún no se ha manifestado cómo seremos al fin. Y ya sabemos que, cuando él se manifieste, vamos a ser semejantes a él, porque lo veremos tal cual es.
**R. Palabra de Dios.**

## 15. Lectura de la primera carta del apóstol san Juan 3,14-16 (603)

*Estamos seguros de haber pasado de la muerte a la vida, porque amamos a nuestros hermanos.*

Queridos hermanos: Nosotros estamos seguros de haber pasado de la muerte a la vida, porque amamos a nuestros hermanos. El que no ama permanece en la muerte.El que odia a su hermano es un homicida y bien saben ustedes que ningún homicida tiene la vida eterna.

Conocemos lo que es el amor, en que Cristo dio su vida por nosotros. Así también debemos nosotros dar la vida por nuestros hermanos.

**R. Palabra de Dios.**

# Versículos del aleluya y versículos antes del evangelio

## 1. Véase Mateo 11,25 (951)

Te doy gracias, Padre, Señor del cielo y de la tierra, porque has revelado los misterios del Reino a la gente sencilla.

## 2. Mateo 25,34 (958)

Vengan, benditos de mi Padre, dice el Señor; tomen posesión del Reino preparado para ustedes desde la creación del mundo.

## 3. Juan 3,16 (972)

Tanto amó Dios al mundo, que le entregó a su Hijo único, para que todo el que crea en él tenga vida eterna.

## 4. Juan 6,39 (975)

La voluntad del que me envió, dice el Señor, es que yo no pierda a ninguno de los que él me ha dado, sino que los resucite en el último día.

## 5. Juan 6,40 (976)

El que cree en mí tiene la vida eterna, dice el Señor, y yo lo resucitaré en el último día.

## 6. Juan 6,51 (977)

Yo soy el pan vivo que ha bajado del cielo, dice el Señor; el que coma de este pan vivirá para siempre.

## 7. Juan 11,25.26 (988)

Yo soy la resurrección y la vida, dice el Señor; el que cree en mí, no morirá para siempre.

## 8. Véase Filipenses 3,20 (1021)

Nosotros somos ciudadanos del cielo, de donde esperamos que venga nuestro salvador, Jesucristo.

## 9. 2 Timoteo 2,11-12a (1028)

Si morimos con Cristo, viviremos con él; si nos mantenemos firmes, reinaremos con él.

## 10. Apocalipsis 1,5a.6b (1040)

Jesucristo es el primogénito de los muertos; a él sea dada la gloria y el poder por siempre.

## 11. Apocalipsis 14,13 (1044)

Dichosos los que mueren en el Señor; que descansen ya de sus fatigas, pues sus obras los acompañan.

# Lecturas del Evangelio

## 1. Lectura del santo Evangelio según san Mateo 5,1-12a (193)

*Alégrense y salten de contento, porque su premio será grande en los cielos.*

En aquel tiempo, cuando Jesús vio a la muchedumbre, subió al monte y se sentó. Entonces se le acercaron sus discípulos. Enseguida comenzó a enseñarles, hablándoles así:
"Dichosos los pobres de espíritu,
porque de ellos es el Reino de los cielos.
Dichosos los que lloran,
porque serán consolados.
Dichosos los sufridos,
porque heredarán la tierra.
Dichosos los quen tienen hambre y sed de justicia,
porque serán saciados.
Dichosos los misericordiosos,
porque obtendrán misericordia.
Dichosos los limpios de corazón,
porque verán a Dios.
Dichosos los que trabajan por la paz,
porque se les llamará hijos de Dios.
Dichosos los perseguidos por causa de la justicia,
porque de ellos es el Reino de los cielos.

Dichosos serán ustedes cuando los injurien,
los persigan y digan cosas falsas de ustedes por causa mía.
Alégrense y salten de contento,
porque su premio será grande en los cielos".
   **R. Palabra del Señor.**

## 2. Lectura del santo Evangelio según san Mateo 11,25-30 (221)

*Vengan a mi y yo los aliviaré.*

En aquel tiempo, Jesús exclamó: ¡Te doy gracias, Padre, Señor del cielo y de la tierra, porque has escondido estas cosas a los sabios y entendidos, y las has revelado a la gente sencilla! ¡Gracias, Padre porque así te ha parecido bien!

El Padre ha puesto todas las cosas en mis manos. Nadie conoce al Hijo sino el Padre, y nadie conoce al Padre sino el Hijo y aquel a quien el Hijo se lo quiera revelar.

Vengan a mí, todos los que están fatigados y agobiados por la carga, y yo los aliviaré. Tomen mi yugo sobre ustedes y aprendan de mí, que soy manso y humilde de corazón, y encontrarán descanso, porque mi yugo es suave, y mi carga ligera".

**R. Palabra del Señor.**

## 3. Lecutra del santo Evangelio según san Mateo 25,1-13 (250)

*¡Ya viene el esposo! ¡Salgan a su encuentro!*

En aquel tiempo, Jesús dijo a sus discípulos esta parábola: "El Reino de los cielos es semejante a diez jóvenes, que tomando sus lámparas, salieron al encuentro del esposa. Cinco de ellas eran descuidadas y cinco, previsoras. Las descuidadas llevaron sus lámparas, pero no llevaron aceite para llenarlas de nuevo; las previsoras, en cambio, llevaron cada una un frasco de aceite junto con su lámpara. Como el esposo tardaba, les entró sueño a todas y se durmieron.

A medianoche se oyó un, grito: "¡Ya viene el esposo! ¡Salgan a su encuentro! Se levantaron entonces todas aquellas jóvenes y se pusieron a preparar sus lámparas, y las descuidadas dijeron a las previsoras: 'Dennos un poco de su aceite, porque nuestras lámparas se están apagando.' Las previsoras les contestaron: 'No, porque no va a alcanzar para ustedes y para nosotras. Vayan mejor a donde lo venden y cómprenlo'.

Mientras aquéllas iban a comprarlo, llegó el esposo, y las que estaban listas entraron con él al banquete de bodas y se cerró la puerta. Más tarde llegaron las otras jóvenes y dijeron: 'Señor, señor, ábrenos' Pero él les respondió: 'Yo les aseguro que no las conozco'.

Por eso, estén preparados, porque no saben ni el día ni la hora".

**R. Palabra del Señor.**

## 4. Lectura del santo Evangelio según san Mateo 25,31-46 (252)

*Vengan, benditos de mi Padre.*

En aquel tiempo, Jesús dijo a sus discípulos: "Cuando venga el Hijo del hombre, rodeado de su gloria, acompañado de todos sus ángeles, se sentará en su trono de gloria. Entonces serán congregadas ante él todas las naciones y él apartará a los unos de los otros, como aparta el pastor a las ovejas de los cabritos, y pondrá a las ovejas a su derecha y a los cabritos a su izquierda.

Entonces dirá el rey a los de su derecha: 'Vengan, benditos de mi Padre; tomen posesión del Reino preparado para ustedes desde la creación del mundo; porque estuve hambriento y me dieron de comer, sediento y me dieron de beber, era forastero y me hospedaron, estuve desnudo y me visiteron, enfermo y me visitaron, encarcelado y fueron a verme'. Los justos le contestarán entonces: 'Señor, ¿cuándo te vimos hambriento y te dimos de comer, sediento y te dimos de beber? ¿Cuándo te vimos de forastero y te hospedamos, o desnudo y te vestimos? ¿Cuándo te vimos enfermo o encarcelado y te fuimos a ver?' Y el rey les dirá: 'Yo les aseguro que, cuando lo hicieron con el más insignificante de mis hermanos, conmigo lo hicieron'.

Entonces dirá también a los de la izquierda: 'Apártense de mi, malditos; vayan al fuego eterno, preparado para el diablo y sus ángeles; porque estuve hambriento y no me dieron de comer, sediento y no me dieron de beber, era forastero y no me hospedaron, estuve desnudo y no me vistieron, enfermo y encarcelado y no me visitaron'.

Entonces ellos le responderán: 'Señor, ¿cuándo te vimos hambriento o sediento, de forastero o desnudo, enfermo o encarcelado y no te asistimos?' Y él les replicará: 'Yo les aseguro que, cuando no lo hicieron con uno de aquellos más insignificantes, tampoco lo hicieron conmigo'. Entonces irán éstos al castigo eterno y los justos a la vida eterna".

**R. Palabra del Señor.**

*Forma extensa:*

## 5. Lectura del santo Evangelio según san Marcos 15,33-39; 16,1-16 (290)

*Jesús, dando un fuerte grito, expiró.*

Al llegar el mediodía, toda aquella tierra se quedó en tinieblas hasta las tres de la tarde. Y a las tres, Jesús gritó con voz potente: *"Eloí, Eloi, ¿lemá sabactani?"* (que significa: Dios mío, Dios mío, ¿por qué me has abandonado?) Algunos de los presentes, al oírlo, decían: "Miren, está llamando a Elías". Uno corrió a empapar una esponja en vinagre, la sujetó a un carrizo y se la acercó para que bebiera, diciendo: "Vamos a ver si viene Elías a bajarlo". Pero Jesús, dando un fuerte grito, expiró.

Entonces el velo del templo se rasgó en dos, de arriba a abajo. El oficial romano que estaba frente a Jesús, al ver cómo había expirado, dijo: "De veras este hombre era Hijo de Dios".

Transcurrido el sábado, María Magdelena, María (la madre de Santiago) y Salomé, compraron perfumes para ir a embalsamar a Jesús. Muy de madrugada, el primer día de la semana, a la salida del sol, se dirigieron al sepulcro. Por el camino se decían unas a otras: "¿Quién nos quitará la piedra de la entrada del sepulcro?" Al llegar, vieron que la piedra ya estaba quitada, a pesar de ser muy grande.

Entraron en el sepulcro y vieron a un joven, vestido con una túnica blanca, sentado en el lado derecho, y se llenaron de miedo. Pero él les dijo: "No se espanten. Buscan a Jesús de Nazaret, el que fue crucificado. No está aquí; ha resucitado. Miren el sitio donde lo habían puesto".

**R. Palabra del Señor.**

*O bien: Forma breve:*

## Lectura del santo Evangelio según san Marcos 15,33-39

*Jesús dando un fuerte grito, expiró.*

Al llegar el mediodía, toda aquella tierra se quedó en tinieblas hasta las tres de la tarde. Y a las tres, Jesús gritó con voz potente: *"Eloí, Eloí, ¿lemá sabactani?"* (que significa: Dios mío, Dios mío, ¿ por qué me has abandonado?). Algunos de los presentes, al oírlo, decían: "Miren, está llamando a Elías". Uno corrió a empapar una esponja en vinagre, la sujetó a un carrizo y se la acercó para que bebiera, diciendo: "Vamos a ver si viene Elías a bajarlo". Pero Jesús, dando un fuerte grito, expiró.

Entonces el velo del templo se rasgó en dos, de ariba a abajo. El oficial romano que estaba frente a Jesús, al ver cómo había expirado, dijo: "De veras este hombre era Hijo de Dios".

**R. Palabra del Señor.**

## 6. Lectura del santo Evangelio según Lucas 7,11-17 (316)

*"Joven, yo te lo digo: Levántate".*

En aquel tiempo, se dirigía Jesús a una población llamada Naím, acompañado de sus discípulos y de mucha gente. Al llegar a la entrada de la población, se encontró con que sacaban a enterrar a un muerto, hijo único de una viuda a la que acompañaba una gran muchedumbre.

Cuando el Señor la vio, se compadeció de ella y le dijo: "No llores". Acercándose al ataúd, lo tocó y los que lo llevaban se detuvieron. Entonces Jesús dijo: "Joven, yo te lo mando: Levántate". Inmediatamente el que había muerto se levantó y comenzó a hablar. Jesús se lo entregó a su madre.

Al ver esto, todos se llenaron de temor y comenzaron a glorificar a Dios, diciendo: "Un gran profeta ha surgido entre nosotros. Dios ha visitado a su pueblo".

La noticia de este hecho se divulgó por toda Judea y por las regiones circunvecinas.

**R. Palabra del Señor.**

## 7. Lectura del santo Evangelio según san Lucas 12,35-40 (336)

*También ustedes estén preparados.*

En aquel tiempo, Jesús dijo a sus discípulos: "Estén listos, con la túnica puesta y las lámparas encendidas. Sean semejantes a los criados que están esperando a que su señor regrese de la boda, para abrirle en cuanto llegue y toque. Dichosos aquellos a quienes su señor, al llegar, encuentre en vela. Yo les aseguro que se reogerá la túnica, los hará sentar a la mesa y él mismo les servirá. Y si llega a medianoche o a la madrugada y los encuentra en vela, dichosos ellos.

Fíjense en esto: Si un padre de familia supiera a qué hora va a venir el ladrón, estaría vigilando y no dejaría que se le metiera por un boquete en su casa. Pues también ustedes estén preparados, porque a la hora en que menos lo piensen vendrá el Hijo del hombre".

**R. Palabra del Señor.**

## 8. Lectura del santo Evangelio según san Lucas 23,33.39-43 (354)

*Hoy estarás conmigo en el paraíso.*

Cuando los soldados, llegaron al lugar llamado "la Calavera," crucificaron allí a Jesús y a los malhechores, uno a su derecha y el otro a su izquierda.

Uno de los malhechores crucificados insultaba a Jesús, diciéndole: "Si tú eres el Mesías, sálvate a ti mismo y a nosotros". Pero el otro le reclamaba indignado: "¿Ni siquiera temes tú a Dios estando en el mismo suplicio? Nosotros justamente, recibimos el pago de lo que hicimos. Pero éste ningún mal ha hecho". Y le decía a Jesús: "Señor, cuando llegues a tu Reino,

acuérdate de mi". Jesús le respondió: "Yo te aseguro que hoy estarás conmigo en el paraíso".
**R. Palabra del Señor.**

*Forma extensa:*

## 9. Lectura del santo Evangelio según san Lucas 23,44-46.50.52-53; 24,1-6a (356)

*Padre, en tus manos encomiendo mi espíritu.*

Era casi el mediodía, cuando las tinieblas invadieron toda la región y se oscureció el sol hasta las tres de la tarde. El velo del templo se rasgó a la mitad. Jesús, clamando con voz potente, dijo: "¡Padre, en tus manos encomiendo mi espíritu!" Y dicho esto, expiró.

Un hombre llamado José, consejero del sanedrín hombre bueno y justo, se presentó ante Pilato para pedirle el cuerpo de Jesús. Lo bajó de la cruz, lo envolvió en una sábana y lo colocó en un sepulcro excavado en la roca, donde no habían puesto a nadie todavía.

El primer día después del sábado, muy de mañana, llegaron las mujeres al sepulcro, llevando los perfumes que habían preparado. Encontraron que la piedra ya había sido retirada del sepulcro y entraron, pero no hallaron el cuerpo del Señor Jesús.

Estando ellas todas desconcertadas por esto, se les presentaron dos varones con vestidos resplandecientes. Como ellas se llenaron de miedo e inclinaron el rostro a tierra, los varones les dijeron: "¿Por qué buscan entre los muertos al que está vivo? No está aquí; ha resucitado".
**R. Palabra del Señor.**

*O bien: Forma breve:*

## Lectura del santo Evangelio según
## san Lucas 23,44-46.50.52-53

*Padre, en tus manos encomiendo mi espíritu.*

Era casi el mediodía, cuando las tinieblas invadieron toda la región y se oscureció el sol hasta las tres de la tarde. El velo del templo se rasgó a la mitad. Jesús, clamando con voz potente, dijo: "¡Padre, en tus manos encomiendo mi espíritu!" Y dicho esto, expiró.

Un hombre llamado José, consejero del sanedrín, hombre bueno y justo, se presentó ante Pilato para pedirle el cuerpo de Jesús. Lo bajó de la cruz, lo envolvió en una sábana y lo colocó en un sepulcro excavado en la roca, donde no habían puesto a nadie todavía.

**R. Palabra del Señor.**

*Forma extensa:*

## 10. Lectura del santo Evangelio según
## san Lucas 24,13-35 (358)

*¿Acaso no era necesario que el Mesías padeciera todo esto y así entrara en su gloria?*

El mismo día de la resurrección, iban dos de los discípulos hacia un pueblo llamado Emaús, situado a unos once kilómetros de Jerusalén, y comentaban todo lo que había sucedido.

Mientras conversaban y discutían, Jesús se les acercó y comenzó a caminar con ellos; pero los ojos de los dos discípulos estaban velados y no lo reconocieron. Él les preguntó: "¿De qué cosas vienen hablando, tan llenos de tristeza?"

Uno de ellos, llamado Cleofás, le respondió: "¿Eres tú el único forastero que no sabe lo que ha sucedido estos días en Jerusalén?" Él les preguntó: "¿Qué cosa?" Ellos le respondieron: "Lo de Jesús el nazareno, que era un profeta poderoso en obras y palabras, ante Dios y ante todo el pueblo. Cómo los sumos sacerdotes y nuestros jefes lo entregaron para que lo condenaran a muerte, y lo crucificaron. Nosotros esperábamos que él sería el libertador de Israel, y sin embargo, han pasado ya tres días desde que estas cosas sucedieron. Es cierto que algunas mujeres de nuestro grupo nos han desconcertado, pues fueron de madrugada al sepulcro, no encontraron el cuerpo y llegaron contando que se les habían aparecido unos ángles, que les dijeron que estaba vivo. Algunos de nuestros compañeros fueron al sepulcro y hallaron todo como habían dicho las mujeres, pero a él no lo vieron".

Entonces Jesús les dijo: "¡Qué insensatos son ustedes y qué duros de corazón para creer todo lo anunciado por los profetas! ¿Acaso no era necesario que el Mesías padeciera todo esto y así entrara en su gloria?" Y comenzando por Moisés y siguiendo con todos los profetas, les explicó todos los pasajes de la Escritura que se referían a él.

Ya cerca del pueblo a donde se dirigían, él hizo como que iba más lejos; pero ellos le insistieron, diciendo: "Quédate con nosotros, porque ya es tarde y pronto va a oscurecer". Y entró para quedarse con ellos. Cuando estaban a la mesa, tomó un pan, pronunció la bendición, lo partió y se lo dio. Entonces se les abrieron los ojos y lo reconocieron, pero él se les desapareció. Y ellos se decían el uno al otro: "¡Con razón nuestro corazón ardía, mientras nos hablaba por el camino y nos explicaba las Escrituras!"

Se levantaron inmediatamente y regresaron a Jerusalén, donde encontraron reunidos a los Once con sus comparñeros, los cuales les dijeron: "De veras ha resucitado el Señor y se le ha aparecido a Simón".

Entonces ellos contaron lo que les había pasado por el camino y cómo lo habían reconocido al partir el pan.

**R. Palabra del Señor.**

*O bien: Forma breve:*

# Lectura del santo Evangelio según san Lucas 24,13-16.28-35

*¿Acaso no era necesario que el Mesías padeciera todo esto y así entrara en su gloria?*

El mismo día de la resurrección, iban dos de los discípulos hacia un pueblo llamado Emaús, situado a unos once kilómertros de Jerusalén, y comentaban todo lo que habia sucedido.

Mientras conversaban y discutían, Jesús se les acercó y comenzó a caminar con ellos; pero los ojos de los dos discípulos estaban velados y no lo reconocieron.

Ya cerca del pueblo a donde se dirigían, él hizo como que iba más lejos; pero ellos le insistieron, diciendo: "Quédate con nosotros, porque ya es tarde y pronto va a oscurecer". Y entró para quedarse con ellos. Cuando estaban a la mesa, tomó un pan, pronunció la bendición, lo partió y se lo dio. Entonces se les abrieron los ojos y lo reconocieron, pero él se les desapareció. Y ellos se decían el uno al otro: "¡Con razón nuestro corazón ardía, mientras nos hablaba por el camino y nos explicaba las Escrituras!"

Se levantaron inmediatamente y regresaron a Jerusalén, donde encontraron reunidos a los Once con sus compañeros, los cuales les dijeron: "De veras ha resucitado el Señor y se le ha aparecido a Simón".

Entonces ellos contaron lo que les había pasado por el camino y cómo lo habían reconocido al partir el pan.

**R. Palabra del Señor.**

# 11. Lectura del santo Evangelio según san Juan 5,24-29 (376)

*Quien escucha mi palabra y la cree, ha pasado ya de la muerte a la vida.*

En aquel tiempo, dijo Jesús a los judíos: "Yo les aseguro que, quien escucha mi palabra y cree en el que me envió, tiene vida eterna y no será condenado en al juicio, porque ya pasó de la muerte a la vida.

Les aseguro que viene la hora, y ya está aquí, en que los muertos oirán la voz del Hijo de Dios, y los que la hayan oido vivirán. Pues así como el Padre tiene la vida en sí mismo, también le ha dado al Hojo tener la vida en sí mismo; y le ha dado el poder de juzgar, porque es el Hijo del hombre.

No se asombren de esto, porque viene la hora en que todos los que yacen en la tumba oirán mi voz y resucitarán: los que hicieron el bien, para la vida; los que hicieron el mal, para la condenación".

R. Palabra del Señor.

## 12. Lectura del santo Evangelio según san Juan 6,37-40 (380)

*El que cree en el Hijo tiene vida eterna y yo lo resucitaré en el último día.*

En aquel tiempo, Jesús dijo a la multitud: "Todo aquel que me da el Padre viene hacia mí; y al que viene a mí yo no lo echaré fuera, porque he bajado del cielo, no para hacer mi voluntad, sino la voluntad del que me envió.

Y la voluntad del que me envió es que yo no pierda nada de lo que él me ha dado, sino que lo resucite en el último día. La voluntad de mi Padre consiste en que todo el que vea al Hijo y crea en él, tenga vida eterna y yo lo resucite en el último día".

R. Palabra del Señor.

## 13. Lectura del santo Evangelio según san Juan 6,51-58 (383)

*El que come mi carne tiene vida eterna y yo lo resucitaré en el último día.*

En aquel tiempo, Jesús dijo a los judíos: "Yo soy el pan vivo que ha bajado del cielo; el que coma de este pan vivirá para siempre. Y el pan que yo les voy a dar es mi carne, para que el mundo tenga vida".

Entonces los judíos se pusieron a discutir entre sí: "¿Cómo puede éste darnos a comer su carne?"

Jesús les dijo: "Yo les aseguro: Si no comen la carne del Hijo del hombre y no beben su sangre, no podrán tener vida en ustedes. El que come mi carne y bebe mi sangre, tiene vida eterna y yo lo resucitaré el último día.

Mi carne es verdadera comida y mi sangre es verdadera bebida. El que come mi carne y bebe mi sangre, permanece en mí y yo en él. Como el Padre, que me ha enviado, posee la vida y yo vivo por él, así también el que me come vivirá por mí.

Este es el pan que ha bajado del cielo; no es como el maná que comieron sus padres, pues murieron. El que come de este pan vivirá para siempre".

**R. Palabra del Señor.**

*Forma extensa:*

# 14. Lectura del santo Evangelio según san Juan 11,17-27 (390)

*Yo soy la resurrección y la vida.*

En aquel tiempo, llegó Jesús a Betania y Lázaro llevaba ya cuatro días en el sepulcro. Betania quedaba cerca de Jerusalén, como a unos dos kilómetros y medio, y muchos judíos habían ido a ver a Marta y a María para consolarlas por la muerte de su hermano. Apenas oyó Marta que Jesús llegaba, salió a su encuentro; pero María se quedó en casa. Le dijo Marta a Jesús: "Señor, si hubieras estado aquí, no habría muerto mi hermano. Pero aún ahora estoy segura de que Dios te concederá cuanto le pidas".

Jesús le dijo: "Tu hermano resucitará". Marta respondió: "Ya sé que resucitará en la resurrección del último día". Jesús le dijo: "Yo soy la resurrección y la vida. El que cree en mí, aunque haya muerto, vivirá; y todo aquel que está vivo y cree en mí, no morirá para siempre. ¿Crees tú esto?" Ella le contestó: "Si, Señor. Creo firmemente que tú eres el Mesías, el Hijo de Dios, el que tenía que venir al mundo".

**R. Palabra del Señor.**

*O bien: Forma breve:*

# Lectura del santo Evangelio según san Juan 11,21-27

*Yo soy la resurrección y la vida.*

En aquel tiempo, dijo Marta a Jesús: "Señor, si hubieras estado aquí, no habriá muerto mi hermano. Pero aún ahora estoy segura de que Dios te concederá cuanto le pidas".

Jesús le dijo: "Tu hermano resucitará". Marta respondió: "Ya sé que resucitará en la resurrección del último día". Jesús le dijo: "Yo soy la resurrección y la vida . El que cree en mí, aunque haya muerto, vivirá; y todo aquel que está vivo y cree en mí, no morirá para siempre. ¿Crees tú esto?" Ella le contestó: "Sí, Señor. Creo firmentente que tú eres el Mesías, el Hijo de Dios, el que tenía que venir al mundo".

**R. Palabra del Señor.**

# 15. Lectura del santo Evangelio según san Juan 11,32-45 (392)

*¡Lázaro, sal de ahí¡*

En aquel tiempo, cuando llegó María la hermana de Lázaro adonde estaba Jesús, al verlo, se echó a sus pies y le dijo: "Señor, si hubieras estado aquí, no habría muerto mi hermano". Jesús, al verla llorar y al ver llorar a los judíos que la acompañaban, se conmovió hasta lo más hondo y preguntó: "¿Dónde lo han puesto?" Le contestaron: "Ven, Señor, y lo verás". Jesús se puso a llorar y los judíos comentaban: "De veras ¡cuánto lo amaba!" Algunos decían: "¿No podía éste, que abrió los ojos al ciego de nacimiento, hacer que Lázaro no muriera?"

Jesús, profundamente conmovido todavía, se detuvo ante

el sepulcro, que era una cueva, sellada con una losa. Entonces dijo Jesús: "Quiten la losa". Pero Marta, la hermana del que había muerto, le replicó: "Señor, ya huele mal, porque lleva cuatro días". Le dijo Jesús: "¿No te he dicho que si crees, verás la gloria de Dios?" Entonces quitaron la piedra.

Jesús levantó los ojos a lo alto y dijo: "Padre, te doy gracias porque me has escuchado. Yo ya sabia que tú siempre me escuchas; pero lo he dicho a causa de esta muchedumbre que me rodea, para que crean que tú me has enviado". Luego gritó con voz potente: "¡Lázaro, sal de ahí!" Y salió el muerto, atados con vendas las manos y los pies, y la cara envuelta en un sudario. Jesús les dijo: "Desátenlo, para que pueda andar".

Muchos de los judíos que habían ido a casa de Marta y María, al ver lo que había hecho Jesús, creyeron en él.

**R. Palabra del Señor.**

*Forma extensa:*

## 16. Lectura del santo Evangelio según san Juan 12,23-28 (395)

*Si el grano de trigo sembrado en la tierra muere, producirá mucho fruto.*

En aquel tiempo, Jesús dijo a sus discípulos: "Ha llegado la hora de que el Hijo del hombre sea glorificado.Yo les aseguro que si el grano de trigo sembrado en la tierra, no muere, queda infecundo; pero si muere, producirá mucho fruto. El que se ama a sí mismo, se pierde; el que se aborrece a sí mismo en este mundo, se asegura para la vida eterna.

El que quiera servirme, que me siga, para que donde yo esté, también esté mi servidor. El que me sirve será honrado por mi Padre.

Ahora que tengo miedo, ¿le voy a decir a mi Padre: 'Padre, líbrame de esta hora?' No, pues precisamente para esta hora he venido. Padre, dale gloria a tu nombre". Se oyó entonces una voz que decía: "Lo he glorificado y volveré a glorificarlo".

**R. Palabra del Señor.**

*O bien: Forma breve*

## Lectura del santo Evangelio según san Juan 12,23-26

*Si el grano de trigo sembrado en la tierra ~~~~~~~ mucho fruto.*

En aquel tiempo, Jesús dijo a sus discípulos: "Ha llegado la hora de que el Hijo del hombre sea glorificado. Yo les aseguro que si el grano de trigo sembrado en la tierra, no muere, queda infecundo; pero si muere, producirá mucho fruto. El que se ama a si mismo, se pierde; el que se aborrece a sí mismo en este mundo, se asegura para la vida eterna.

El que quiera servirme, que me siga, para que donde yo esté, también esté mi servidor. El que me sieve será honrado por mi Padre".
R. **Palabra del Señor.**

## 17. Lectura del santo Evangelio según san Juan 14,1-6 (400)

*En la casa de mi Padre hay muchas habitaciones.*

En aquel tiempo, Jesús dijo a sus discípulos: "No pierdan la paz. Si creen en Dios, crean también en mí. En la casa de mi Padre hay muchas habitaciones. Si no fuera así, yo se lo habría dicho a ustedes, porque voy a prepararles un lugar. Cuando me vaya y les prepare un sitio, volveré y los llevaré conmigo, para que donde yo esté, estén también ustedes. Y ya saben el camino para llegar al lugar a donde voy".

Entonces Tomás le dijo: "Señor, no sabemos a dónde vas, ¿cómo podemos saber el camino?" Jesús le respondió: "Yo soy el camino, la verdad y la vida. Nadie va al Padre si no es por mí".
R. **Palabra del Señor.**

## . Lectura del santo Evangelio según san Juan 17,24-26 (423)

*Padre, quiero que donde yo esté, también ellos estén conmigo.*

En aquel tiempo, Jesús levantó los ojos al cielo y dijo: "Padre, quiero que donde yo esté, estén también conmigo los que me has dado, para que contemplen mi gloria, la que me diste, porque me has amado desde antes de la creción del mundo.

Padre justo, el mundo no te ha conocido; pero yo sí te conozco y éstos han conocido que tú me enviaste. Yo les he dado a conocer tu nombre y se lo seguiré dando a conocer, para que el amor con que me amas esté en ellos y yo también en ellos".

R. Palabra del Señor.

## 19. Lectura del santo Evangelio según san Juan 19,17-18.25-30 (424)

*Inclinando la cabeza, entregó el espíritu.*

En aquel tiempo, Jesús, cargando con la cruz, se dirigió hacia el sitio llamado "la Calavera" (que en hebreo se dice Gólgota), donde lo crucificaron, y con él a otros dos, uno de cada lado, y en medio Jesús.

Junto a la cruz de Jesús estaban su madre, la hermana de su madre, María la de Cleofás, y María Magdalena. Al ver a su madre y junto a ella al discípulo que tanto quería, Jesús dijo a su madre: "Mujer, ahí está tu hijo". Luego dijo al discípulo: "Ahí está tu madre". Y desde entonces el discípulo se la llevó a vivir con él.

Después de esto, sabiendo Jesús que todo había llegado a su término, para que se cumpliera la Escritura dijo: *"Tengo sed."* Había allí un jarro lleno de vinagre. Los soldados sujetaron una esponja empapada en vinagre a una caña de hisopo y se la acercaron a la boca. Jesús probó el vinagre y dijo: "Todo está cumplido," e inclinando la cabeza, entregó el espíritu.

R. Palabra del Señor.

# Plegaria universal

Las siguientes oraciones de los fieles y letanías se pueden usar durante una liturgia de la palabra o en la Misa y se deben adaptar de acuerdo con las circunstancias.

## 1

*(167-B)\**

Dios, el Padre todopoderoso, resucitó a Cristo su Hijo de entre los muertos; llenos de confianza le pedimos que salve a todo su pueblo, a vivos y muertos:

Por N., que en el Bautismo recibió la promesa de vida eterna, para que sea recibido (recibida) ahora en la compañía de los santos. Roguemos al Señor.
**R. Señor, escucha nuestra oración.**

Por nuestro hermano (nuestra hermana) que se sustentó con el cuerpo de Cristo, el pan de vida, para que resucite en el último día. Roguemos al Señor.
**R. Señor, escucha nuestra oración.**

*Por un obispo o un sacerdote:*
Por nuestro hermano N., que sirvió a la Iglesia en el ministerio sacerdotal, para que le sea dado un lugar en la liturgia del cielo. Roguemos al Señor.
**R. Señor, escucha nuestra oración.**

*Por un diácono:*
Por nuestro hermano N., que proclamó la Buena Nueva de Jesucristo y sirvió a los pobres en sus necesidades, para que sea recibido en el santuario del cielo. Roguemos al Señor.
**R. Señor, escucha nuestsra oración.**

Por todos nuestros familiares, amigos, y bienhechores difuntos, para que reciban el premio por su bondad. Roguemos al Señor.
**R. Señor, escucha nuestra oración.**

\*Números del *Ritual de las Exequias Cristianas*, The Liturgical Press, 2002

Por todos los que durmieron con la esperanza de resucitar,
para que vean a Dios cara a cara. Roguemos al Señor.
**R. Señor, escucha nuestra oración.**

*Por los dolientes:*
Por la familia y los amigos de nuestro hermano (nuestra hermana) N., para que sean consolados en su pesar por el Señor,
que lloró la muerte de su amigo Lázaro. Roguemos al Señor.
**R. Señor, escucha nuestra oración.**

Por todos los aquí reunidos para celebrar la fe esta liturgia,
para que nos reunamos de nuevo en el reino de Dios. Roguemos al Señor.
**R. Señor escucha nuestra oración.**

Dios, refugio y fortaleza nuestra,
tú que escuchas con amor el llanto de tu pueblo,
oye las oraciones que te ofrecemos
por nuestros hermanos y hermanas que han fallecido;
purifícalos de sus pecados
y concédeles la plenitud de la redención.
Por Jesucristo, nuestro Señor.
**R. Amén.**

# 2

*(401-2)*

Mis queridos amigos, unámonos en oración a Dios, no sólo
por nuestro hermano fallecido (nuestra hermana fallecida),
sino también por la Iglesia, por la paz del mundo, y por nosotros.

Para que los obispos y los sacerdotes de la Iglesia, y todos los
que proclaman el Evangelio, reciban la fortaleza de expresar
en acción la palabra que anuncian. Roguemos al Señor.
**R. Señor, escucha nuestsra oración.**

Para que los que ocupan cargos públicos promuevan la justicia y la paz. Roguemos al Señor.
**R. Señor, escucha nuestra oración.**

Para que los que llevan la cruz del dolor en la mente o en el cuerpo jamás se sientan abandonados por Dios. Roguemos al Señor.
**R. Señor, escucha nuestra oración.**

Para que Dios libre el alma de su siervo (sierva) N. de las penas y de los poderes de las tinieblas. Roguemos al Señor.
**R. Señor, escucha nuestra oración.**

Para que Dios en su misericordia borre todas las ofensas que haya podido cometer. Roguemos al Senor.
**R. Señor, escucha nuestsra oración.**

Para que Dios lo (la) lleve al lugar de la luz y de la paz. Roguemos al Señor.
**R. Señor, escucha nuestra oración.**

Para que Dios lo (la) llame a la felicidad en la compañía de todos los santos. Roguemos al Señor.
**R. Señor, escucha nuestra oración.**

Para que Dios acoja en su gloria a nuestros familiares y amigos que ya han partido de esta vida. Roguemos al Señor.
**R. Señor, escucha nuestra oración.**

Para que Dios conceda un lugar en el reino de los cielos a todos los fieles difuntos. Roguemos al Señor.
**R. Señor escucha nuestra oración.**

Oh Dios,
que creaste y redimiste a todos tus fieles,
concede a las almas de tus siervos difuntos
el perdón de todos sus pecados.
Atiende nuestras súplicas por todos los que amanos
y concédeles el perdón que siempre han deseado.
Por Jesucristo, nuestro Señor.
**R. Amén.**

# 3

*(167-A)*

Queridos hermanos y hermanas, Jesucristo ha resucitado de entre los muertos y está sentado a la derecha del Padre, y desde allí intercede por su Iglesia. Confiados en que Dios oye las voces de aquellos que esperan en el Señor Jesús, unimos nuestras oraciones a las suyas:

En el Bautismo N. recibió la luz de Cristo. Aleja ahora de él (ella) la oscuridad y condúcelo (condúcela) por sobre las aguas de la muerte. Señor, en tu misericordia:
**R. Escucha nuestra oración.**

Nuestsro hermano (nuestra hermana) N. fue alimentado (alimentada) en la mesa del Salvador. Acógelo (Acógela) en las mansiones del banquete celestial. Señor, en tu misericordia:
**R. Escucha nuestra oración.**

*Por un obispo o un sacerdote:*
Nuestro hermno N. participó del sacerdocio de Jesucristo, guiando al pueblo de Dios en la oración y el culto divino. Llévalo a tu presencia para que ocupe su sitio en la liturgia celestial. Señor, en tu misericordia:
**R. Escucha nuestra oración.**

*Por un diácono:*
Nuestro hermano N. sirvió al pueblo de Dios como diácono de la Iglesia. Prepárale un sitio en el reino cuya venida él proclamó. Señor, en tu misericordia:
**R. Escucha nuestra oración.**

*Por un religioso (una religiosa):*
Nuestro hermano (nuestra hermana) N. pasó su vida siguiendo a Jesús, pobre, casto (casta) y obediente. Cuéntalo (Cuéntala) entre todos los santos que cantan en tus atrios. Señor, en tu misericordia:
**R. Escucha nuestra oración.**

Muchos amigos y miembros de nuestras familias nos han preciedido y aguardan el reino. Concédeles un hogar eterno con tu Hijo. Señor, en tu misericordia:
**R. Escucha nuestra oración.**

Cada día mueren muchas personas a causa de la violencia, de la guerra y del hambre. Muestra tu misericordia a los que tan injustament sufren estas faltas contra tu amor y congrégalos en el reino eterno de tu paz. Señor, en tu misericordia:
R. Escucha nuestra oración.

Los que confiaron en el Señor duermen ahora en él. Dales alivio, descanso y paz a todos aquellos cuya fe sólo tú conociste. Señor, en tu misericordia:
**R. Escucha nuestra oración.**

*Por los dolientes:*
La familia y los amigos de N. buscan paz y consuelo. Alivia su pena y disipa la oscuridad y la duda que nacen de la aflicción. Señor, en tu misericorda:
**R. Escucha nuestsra oración.**

Estamos reunidos aquí en la confianza que da la fe para orar por nuestro hermano (nuestra hermana) N. Fortalece nuestra esperanza para que podamos vivir aguardando la venida de tu Hijo. Señor, en tu misericordia:
**R. Escucha nuestra oración.**

Señor Dios,
que nos das la paz y sanas nuestras almas,
escucha las voces de tus fieles,
cuyas vidas fueron redimidas por la sangre del Cordero.
Perdona los pecados de todos los que duermen en Cristo
y concédeles un lugar en tu reino.
Él, que vive y reina por los siglos de los siglos.
**R. Amén.**

# 4

*(401-4)*

Acudamos a Cristo Jesús confiados en el poder de su cruz y resurrección:

Señor resucitado, modelo de nuestra vida en todo tiempo: Señor, ten piedad.
**R. Señor, ten piedad.**

Promesa e imagen de lo que seremos: Señor, ten piedad.
**R. Señor, ten piedad.**

Hijo de Dios que viniste a destruir el pecado y la muerte: Señor, ten piedad.
**R. Señor, ten piedad.**

Palabra de Dios que nos libraste del temor a la muerte: Señor, ten piedad.
**R. Señor, ten piedad.**

Señor, crucificado, desamparado en la muerte, resucitado en gloria:
**R. Señor, ten piedad.**

Señor Jesús, Pastor benigno que das descanso a nuestras almas, concédele la paz a N. por siempre: Señor, ten piedad.
**R. Señor, ten piedad.**

Señor Jesús, tú bendices a los que sufren y lloran. Bendice a la familia y amigos de N. que hoy se reúnen a su alrededor: Señor, ten piedad.
**R. Señor, ten piedad.**

# 5

*(401-5)*

*Por un niño bautizado (una niña bautizada)*

Jesús es el Hijo de Dios y el modelo de nuestra propia creación. El nos prometió que un día seremos verdaderamente como él. Con nuestra esperanza apoyada en esa promesa, oremos:

Para que Dios reciba nuestra alabanza y acción de gracias por la vida de N.: Roguemos al Señor.
**R. Señor, ten piedad.**

Para que Dios lleve a la plenitud el Bautismo que N. recibió en Cristo: Roguemos al Señor.
**R. Señor, ten piedad.**

Para que Dios conduzca a N. de la muerte a la vida: Roguemos al Señor.
**R. Señor, ten piedad.**

Para que todos nosotros, la familia y los amigos de N., seamos consolados en nuestro pesar: Roguemos al Señor.
**R. Señor, ten piedad.**

Para que Dios otorgue alivio a los que sufren: Roguemos al Señor.
**R. Señor, ten piedad.**

Para que Dios conceda paz a todos los que han muerto en la fe de Cristo: Roguemos al Señor.
**R. Señor, ten piedad.**

Para que un día participemos todos del banquete del Señor, alabando a Dios que ha vencido a la muerte: Roguemos al Señor.
**R. Señor, ten piedad.**

# 6

*(401-6)*

*Por un niño bautizado (una niña bautizada)*

El Señor Jesús es el amigo de su pueblo y nuestra única esperanza. Pidámosle que acreciente nuestra fe y nos sostenga en esta difícil hora.

Tú te hiciste niño por nosotros, compartiendo en todo nuestra vida humana. Te rogamos:
R. **Bendícenos y guárdanos, Señor.**

Tú creciste en sabiduría, edad y gracia, y aprendiste a obedecer a través del sufrimiento. Te rogamos:
R. **Bendícenos y guárdanos, Señor.**

Tú recibiste a los niños, prometiéndoles tu reino. Te rogamos:
R. **Bendícenos y guárdanos, Señor.**

Tú consolaste a los que lloraban por la muerte de niños y amigos. Te rogamos:
R. **Bendícenos y guárdanos, Señor.**

Tú tomaste sobre ti el sufrimiento y la muerte de todos nosotros. Te rogamos:
R. **Bendícenos y guárdanos, Señor.**

Tú prometiste resucitar a los que creen en ti, al igual que fuiste resucitado en gloria por el Padre. Te rogamos:
R. **Bendícenos y guárdanos, Señor.**

Señor Dios, tú confiaste a N. a nuestro cuidado y ahora lo (la) recibes en el abrazo de tu amor; tómalo (tómala) bajo tu protección junto con todos los niños que han muerto; confórtanos a nosotros, tus afligidos siervos, que nos esforzamos, por cumplir tu voluntad y por conocer tu paz salvadora.
Por Jesucristo, nuestro Señor.
R. **Amén.**

# 7

*(401-7)*

## Por un niño fallecido (una niña fallecida)

Oremos por N., por su familia y amigos, y por todo el pueblo de Dios.

Por N., hijo (hija) de Dios [y heredero (heredera) del reino], para que sea recibido (recibida) en el abrazo amoroso de Dios ahora y por toda la eternidad. Roguemos al Señor.
**R. Señor, escucha nuestra oración.**

Por la familia de N., especialmente por su madre y su padre, [su(s) hermano(s) y hermana(s)], para que en medio de su pena y dolor sientan el poder sanador de Cristo. Roguemos al Señor.
**R. Señor, escucha nuestra oración.**

Por los amigos de N., los que con él (ella) jugaron y los que lo (la) cuidaron, para que sean consolados en su aflicción y fortalecidos en su mutuo amor. Roguemos al Señor.
**R. Señor, escucha nuestra oración.**

Por todos los padres y madres que lloran la muerte de sus hijos, para que sean consolados por la certeza de que ellos habitan ahora con Dios. Roguemos al Señor.
**R. Señor, éscucha nuestra oración.**

Por los niños que han muerto a causa del hambre y las enfermedades, para que estos pequeños se sienten cerca del Señor a la mesa celestial. Roguemos al Señor.
**R. Señor, escucha nuestra oración.**

Por todos nosotros, miembros de tu Iglesia, que nos preparemos dignamente para la hora de nuestra muerte, cuando Dios nos llame por nuestros nombres y pasemos de este mundo al venidero. Roguemos al Señor.
**R. Señor, escucha nuestra oración.**

Señor Dios, tú confiaste a N. a nuestro cuidado y ahora lo (la) recibes en el abrazo de tu amor; tómalo (tómala) bajo tu proteoción junto con todos los niños que han muerto; confórtanos a nosotros, tus afligidos siervos, que nos esforzamos por cumplir tu voluntad y por conocer tu paz salvadora.

Por Jesucristo, nuestro Señor.

**R. Amén.**

# Tercera parte: Liturgia eucarística

- Preparación de las ofrendas
- Oración sobre las ofrendas
- Prefacio
- Plegaria Eucarística
- Oración para después de la comunión

# Preparación de las ofrendas

Se recomienda que algúnos miembros de la familia o amigos del difunto lleven las ofrendas hasta el altar.

## Oración sobre las ofrendas*

### 1

**Fuera del tiempo Pascual**

Te ofrecemos, Señor, este sacrificio de reconciliación por nuestro hermano N., para que pueda encontrar como juez misericordioso a tu Hijo Jesucristo, a quien por medio de la fe reconoció como su Salvador. Por Jesucristo, nuestro Señor.

### 2

Acude, Señor, en ayuda de tu hijo N. Por quien te vamos a ofrecer este sacrificio de reconciliación en el día de su sepultura; para que, si aún ha quedado en él alguna mancha ocasionada por el pecado o por la humana debilidad, tu misericordia lo perdone y lo purifique. Por Jesucristo, nuestro Señor.

### 3

**En el tiempo Pascual**

Mira, Señor, con bondad las ofrendas que te presentamos por nuestro hermano N. y recíbelo en la gloria con tu Hijo, al cual nos unimos al celebrar el memorial de su amor. Por Jesucristo, nuestro Señor.

*Oraciones son de *Misal Romano* "I. EN LAS EXEQUIAS", Buena Prensa, 2001

## 4

Dios omnipotente y misericordioso, que por medio del agua del bautismo regeneraste a nuestro hermano N., por este sacrificio de reconciliación que vamos a ofrecerte, purifícalo en la sangre de Cristo de todos sus pecados y acógelo en los brazos de tu misericordia. Por Jesucristo, nuestro Señor.

# Prefacio de difuntos I

V. El Señor esté con vosotros.
**R. Y con tu espíritu.**
V. Levantemos el corazón.
**R. Lo tenemos levantado hacia el Señor.**
V. Demos gracias al Señor, nuestro Dios.
**R. Es justo y necesario.**

En verdad es justo y necesario,
es nuestro deber y salvación
darte gracias siempre y en todo lugar,
Señor, Padre santo,
Dios todopoderoso y eterno, por Cristo nuestro Señor.
En el cual resplandece
la esperanza de nuestra feliz resurrección;
y así, aunque la certeza de morir nos entristece,
nos consuela la promesa
de la futura inmortalidad.
Pues, para quienes creemos en ti, Señor,
la vida se transforma, no se acaba;
y disuelta nuestra morada terrenal,
se nos prepara una mansión
eterna en el cielo.
Por eso, con los ángeles y los arcángeles
y con todos los coros celestiales,
cantamos sin cesar el himno de tu gloria:

Santo, Santo, Santo es el Señor, Dios del universo.
Llenos están el cielo y la tierra de tu gloria.
Hosanna en el cielo.
Bendito el que viene en nombre del Señor.
Hosanna en el cielo.

# Prefacio de difuntos II

V. El Señor esté con vosotros.
**R. Y con tu espíritu.**
V. Levantemos el corazón.
**R. Lo tenemos levantado hacia el Señor.**
V. Demos gracias al Señor, nuestro Dios.
**R. Es justo y necesario.**

En verdad es justo y necesario,
es nuestro deber y salvación
darte gracias siempre y en todo, lugar,
Señor, Padre santo,
Dios todopoderoso y eterno,
por Cristo nuestro Señor.
Quien se dignó morir por todos,
para librarnos a todos de la muerte;
es más, quiso morir,
para que todos tuviéramos la vida eterna.
Por eso, unidos a los ángeles,
te aclamamos llenos de alegría:

Santo, Santo, Santo es el Señor, Dios del universo.
Llenos están el cielo y la tierra de tu gloria.
Hosanna en el cielo.
Bendito el que viene en nombre del Señor.
Hosanna en el cielo.

# Prefacio de difuntos III

V. El Señor esté con vosotros.
**R. Y con tu espíritu.**
V. Levantemos el corazón.
**R. Lo tenemos levantado hacia el Señor.**
V. Demos gracias al Señor, nuestro Dios.
**R. Es justo y necesario.**

En verdad es justo y necesario,
es nuestro deber y salvación
darte gracias siempre y en todo lugar,
Señor, Padre santo,
Dios todopoderoso y eterno,
por Cristo nuestro Señor.
Porque él es la salvación del mundo,
la vida de los hombres
y la resurrección de los muertos.
Por él, los ángeles,
que gozan de tu presencia,
eternamente te adoran;
permítenos unirnos a sus voces,
cantando jubilosos tu alabanza:

Santo, Santo, Santo es el Señor, Dios del universo.
Llenos están el cielo y la tierra de tu gloria.
Hosanna en el cielo.
Bendito el que viene en nombre del Señor.
Hosanna en el cielo.

# Prefacio de difuntos IV

V. El Señor esté con vosotros.
R. **Y con tu espíritu.**
V. Levantemos el corazón.
R. **Lo tenemos levantado hacia el Señor.**
V. Demos gracias al Señor, nuestro Dios,
R. **Es justo y necesario.**

En verdad es justo y necesario,
es nuestro deber y salvación
darte gracias siempre y en todo lugar,
Señor, Padre santo,
Dios todopoderoso y eterno.
Porque una decisión tuya nos da la vida;
tus decretos la dirigen,
y un mandato tuyo, en castigo del pecado,
nos devuelve a la tierra
de la que salimos.
Y porque a los que hemos sido redimidos
por la muerte de Cristo,
por esa misma voluntad soberana
nos llamas a participar
de su gloriosa resurrección.
Por eso, con los ángeles y los santos,
te cantamos el himno de alabanza,
diciendo sin cesar:

Santo, Santo, Santo es el Señor, Dios del universo.
Llenos están el cielo y la tierra de tu gloria.
Hosanna en el cielo.
Bendito el que viene en nombre del Señor.
Hosanna en el cielo.

# Prefacio de difuntos V

V. El Señor este, con vosotros.

**R. Y con tu espíritu.**

V. Levantemos el corazón.

**R. Lo tenemos levantado hacia el Señor.**

V. Demos gracias al Señor, nuestro Dios.

**R. Es justo y necesario.**

En verdad es justo darte gracias
y deber nuestro glorificarte,
Padre santo.
Pues, si morimos por haberlo merecido,
es obra de tu misericordia a de tu gracia
el que seamos llamados a la vida con Cristo.
Por el pecado morimos,
mas por la victoria de tu Hijo,
fuimos redimidos.
Por eso, como los ángeles te cantan en el cielo,
así nosotros te proclamamos en la tierra,
diciendo sin cesar:

Santo, Santo, Santo es el Señor, Dios del universo.
Llenos están el cielo la tierra de tu gloria.
Hosanna en el cielo.
Bendito el que viene en nombre del Señor.
Hosanna en el cielo.

# Plegaria eucarística

# Oración después de la comunión*

## 1

**Fuera del tiempo Pascual**

Por esta Eucaristía,
que tu Hijo nos dejó como alimento
para el camino de esta vida,
concédenos, Señor, que nuestro hermano N.,
sea conducido al banquete de tu Reino.
Por Jesucristo, nuestro Señor.

## 2

Que este sacrificio, Señor Dios omnipotente,
purifique de todo pecado a tu hijo N.,
a quien has llamado (hoy) de este mundo
y pueda, así, gozar eternamente
de la alegría de la resurreción.
Por Jesucristo, nuestro Señor.

## 3

**En el tiempo Pascual**

Que nuestro hermano N.,
por quien hemos celebrado
este sacrificio de reconciliación,
pueda llegar, Señor,
al Reino de la luz y de la paz.
Por Jesucristo, nuestro Señor.

* Oraciones son del *Misal Romano* "I. EN LAS EXEQUIAS", Buena Prensa, 2001

# 4

Habiendo recibido el Cuerpo y la Sangre de tu Hijo
que murió y resucitó por nosotros,
te pedimos, Señor, que nuestro hermano N.,
purificado por la celebración de estos misterios,
obtenga la gloria de la futura resurrección.
Por Jesucristo, nuestro Señor.

# Cuarta parte:
# Última despedida

- Palabras de despedida
- Invitación a la oración
- Signos de despedida
- Cántico de despedida
- Oración de despedida

# Palabras de despedida

Al terminar la oración después de la comunión, el sacerdote se coloca cerca del ataúd. Los ministros asistentes llevan el incenciario y el agua bendita, si se van a usar.

Un miembro o amigo(amiga)de la familia puede pronunciar unas palabras en recuerdo del difunto antes de que empiece la última despedida.

## Invitación a la oración

### 1

*(171-A)\**

Antes de separarnos, despidámonos de nuestro hermano (nuestra hermana). Que nuestro último adiós exprese nuestro afecto por él (ella), mitigue nuestra tristeza y fortalezca nuestra esperanza. Un día lo (la) saludaremos de nuevo con alegría cuando el amor de Cristo, amor que lo conquista todo, aniquile hasta la misma muerte. (Oremos en silencio.)

### 2

*(171-B)*

Confiados en Dios, juntos hemos orado por N. y ahora llegamos al último adiós. Hay tristeza en el adiós, pero nos fortalece la esperanza de que un día veremos a N. y gozaremos de nuevo de su amistad. Aunque nos dispersemos abatidos por el dolor, la misericordia de Dios nos congregará nuevamente en el gozo de su reino. Por tanto, consolémonos mutuamente en la fe de Jesucristo. (Oremos en silencio.)

*Números del *Ritual de las Exequias Cristianas,* The Liturgical Press, 2002

# 3

*(402-1)*

Vamos ahora a cumplir con el deber de dar sepultura al cuerpo de nuestro hermano (nuestra hermana). Fieles a la costumbre cristiana, lo haremos pidiendo con fe a Dios, para quien todos estamos vivos, que admita su alma entre sus santos y que este cuerpo que hoy vamos a enterrar, lo resucite u día lleno de vida y de gloria. Que, en el momento del juicio, sea misericordioso para con nuestro hermano (nuestra hermana) para que, libre de la muerte, absuelto (absuelta) de sus culpas, reconciliado (reconciliada) con el Padre, llevado (llevada) sobre los hombros del buen Pastor y agregado (agregada) al séquito del Rey eterno, disfrute para siempre de la gloria eterna y de la compañia de los santos.

# 4

*(402-2)*

Recordemos ahora a nuestros hermanos(nuestro hermano N., nuestra hermana N.), que murieron (murió) en la paz de Cristo y confiémoslos (confiémoslo; confiémosla) con fe y esperanza al amor de Dios Padre.

Por el Bautismo [cuya memoria recordaremos al aspergir sus (su) sepulcros (sepulcro)], fueron (fue) incorporados (incorporado; incorporada) a la Iglesia, la familia de Cristo, y, unidos (unido; unida) a nuestra comunidad (a la comunidad eclesial), participaron (participó) asiduamente [con nosotros] en la mesa del Señor.

Oremos también por nosotros mismos, para que los que ahora lloramos y estamos entristecidos podamos un día salir con nuestro hermano (nuestra hermana) al encuentro del Señor de la vida cuando él aparezca en gloria.

# 5

*(402-3)*

Ya que Dios ha querido llamar a sí de este mundo a nuestro hermano (nuestra hermana), nosotros ahora vamos a entregar su cuerpo a loa tierra (colocar su cuerpo en el sepulcro), para que vuelva a la tierra de la que fue sacado, pues polvo somos y en polvo nos convertiremos.

Pero, porque creemos que Cristo resucitó como primogénito de entre los muertos, por ello confiamos que él tranformará también su cuerpo ahora humillado y lo hará semejante a su curerpo glorioso.

Con esta esperanza, encomendamos, pues, a Dios a nuestro hermano (nuestra hermana), para que lo (la) admita en la paz de su reino y lo (la) resucite en el último día.

## Signos de despedida

En este momento se puede rociar el ataúd con agua bendita e incensarlo, o esto se puede hacer durante el cántico de despedida o a continuación de éste. Si se roció el cuerpo con agua bendita durante el rito de recepción al comienzo de la Misa, de ordinario se omite la aspersión en el rito de última despedida.

## Cántico de despedida

### 1

*(174)*

¡Vengan en su ayuda, santos de Dios!
¡Salgan a su encuentro, ángeles del Señor!
**R. Reciban su alma y preséntenla ante el Altísimo.**
Cristo, que te llamó, te reciba;
y los ángeles te conduzcan al regazo de Abrahán. **R.**

Concédele, Señor, el descanso eterno,
y brille para él (ella) la luz perpetua. **R.**

## 2

*(403-2)*

Recibe, Señor, nuestro Dios,
el alma de este difunto (esta difunta)
por quien derramaste tu sangre.
**R. Acuérdate, Señor, de que somos polvo;
como hierba, como flor del campo.**
Señor, mis pecados me aterran,
y ante ti me sonrojo. **R.**

## 3

*(403-3)*

Señor, antes de que yo naciese, me conocías;
a imagen tuya me modelaste.
**R. Ahora te devuelvo el alma, Creador mío.**
Señor, mis pecados me aterran,
y ante ti me sonrojo.
Cuando vengas como Juez, no me condenes. **R.**

## 4

*(403-4)*

Creo que mi Redentor vive
y que, al final de los tiempos, he de resucitar del polvo.
**R. En esta carne mía, contemplaré a Dios, mi Salvador.**
Lo veré yo mismo, no otro;
mis propios ojos lo contemplarán. **R.**
Esta esperanza abrigo
en mi corazón. **R.**

# 5

*(403-5)*

¡Cristo Jesús resucitó!
Canten, naciones, al Señor
Porque a la muerte derrotó!
¡Honor a nuestro Redentor!

Cante con gozo al Salvador,
la redimida humanidad,
y en El confiese a su Señor
por su inmensa caridad.

# 6

*(403-6)*

Tú que resucitaste a Lázaro del sepulcro:
**R. Dale a nuestsro hermano (nuestra hermana)
el descanso y el perdón.**
Concédele, Señor, el descanso eterno,
y brille para él (ella) la luz perpetua. **R.**

# 7

*(403-7)*

Líbrame, Señor, del sendero de las tinieblas.
Tú que rompiste los portones de bronce
y visitaste a los encarcedlados:
dándoles luz para que te vieran.
**R. Salvador nuestro, has llegado.**
Aquellos que estaban en tinieblas
clamaron y dijeron: **R.**
Concédele, Señor, el descanso eterno,
y brille para él (ella) la luz perpetua. **R.**

# Oración de despedida

## 1

*(175-A)*

A tus manos, Padre de bondad,
encomendamos el alma de nuestro hermano (nuestsra hermana) N.,
con la firme esperanza
de que resucitará el último día,
con todos los que han muerto en Cristo;

[te damos gracias por todos los dones
con que lo (la) enriqueciste
a lo largo de su vida;
en ellos reconocemos un signo de tu amor
y de la comunión de los santo;]

acoge las oraciones que te presentamos
por este hermano nuestro (esta hermana nuestra)
que acaba de dejarnos
y ábrele las puertas de tu mansión;
a sus familiares y amigos,
y a todos nosotros,
que hemos quedado en este mundo,
concédenos saber consolarnos con palabras de fe,
hasta que también nos llegue el momento
de volvera reunirnos con él (ella),
junto a ti, en el gozo de tu reino eterno.
Por Jesucristo, nuestro Señor.
**R. Amén.**

## 2

*(175-B)*

Te pedimos, Señor, por tu siervo (sierva) N.,
que hamuerto ya para este mundo y ahora vive para ti;
que tu amor misericordioso borre los pecados

que cometió a causa de la fragilidad humana.
Por Jesucristo, nuesto Señor.
**R. Amén.**

## 3

**Por un niño bautizado (una niña bautizada) (404-2)**

Señor Jesús,
tú que como el pastor que reúne a sus corderos
para protegerlos de todo daño,
condujiste a N.a las aguas del Bautismo
y lo (la) cubriste de inocencia;
condúcelo (condúcela) ahora
por la senda de tu reino de luz,
donde encontrará la felicidad
y toda lágrima será enjugada.
Tú, que vives y reinas por los siglos de los siglos.
**R. Amén.**

## 4

**Por un niño bautizado (una niña bautizada) (404-3)**

A tu tierno cuidado, Señor,
encomendamos a este niño (esta niña) [N.].
Nuestros corazones están atribulados,
pero confiamos en tu bondad amorosa.

El signo de la cruz
lo (la) reclamó para Cristo,
y las aguas del Bautismo
lo (la) incorporaron a su muerte y resurrección.

Que los ángeles, nuestros guardianes,
lo (la) conduzcan al paraíso,
donde tus santos lo (la) acogerán
y un día todos cantaremos tu alabanza eternamente.

Por Jesucristo, nuestro Señor.
**R. Amén.**

# Quinta parte: Procesión al lugar de sepultura

Sacerdote en voz alta:

Unidos en oración, acompañemos a nuestro hermano (nuestra hermana) al lugar de su sepultura.

Si se ha colocado un símbolo de vida cristiana sobre el ataúd, se remueve en este momento.

Luego comienza la procesión: el sacerdote y los ministros asistentes preceden al ataúd; la familia y los dolientes siguen detrás del ataúd.

Uno o más de los textos siguientes, u otros cantos apropiados, se pueden utilizar durante la procesión hacia la salida de la iglesia. El canto pueden continuar durante el trayecto al lugar de sepultura. La siguiente antífona se puede cantar con versículos del Salmo 24 (25)

**1. Al paraíso te llevan los ángeles,**
**a tu llegada te reciban los mártires**
**y te introduzcan en la ciudad santa de Jerusalén.**

La siguiente antifona se puede cantar con versículos del Salmo 115 (116), p. 278, o separadamente.

**2. El coro de los ángeles te reciba**
**y te conduzca al regazo de Abrahán,**
**y junto con Lázaro, pobre en esta vida,**
**tengas descanso eterno.**

**3. El que cree en mí,**
**aunque haya muerto, vivirá.**
**R: Yo soy la resurección y la vida.**
**El que está vivo y cree en mí no morirá para siempre. R.**

Tambíen se pueden usar los siguientes salmos: 117(118),41, 92,(93),24(25),118(119)

En este momento se puede rociar el ataúd con agua bendita
e incensarlo, o esto se puede hacer durante el cántico de
despedida
o a continuación de éste. Si se roció el cuerpo con agua bendita
durante el rito de recepción al comienzo de la Misa, de
ordinario se omite la aspersion en el rito de última despedida.

Oración de despedida:
(202-B)
Te pedimos, Señor, por ti siervo (sierva) N.,
que ha muerto ya para este mundo y ahora vive para ti;
que tu amor misericordioso borre los pecados
que cometió a causa de la fragilidad humana.
Por Jesucristo, nuestro Señor.

# Apéndice: La cremación

Hasta el año de 1963 la Iglesia prohibía la cremación debido a que ésta era muestra de una actitud que negaba la resurección de los muertos y la inmortalidad del alma.

Actualmente la iglesia se ha ido adaptando a las necesidades de los tiempos modernos y a cambiado su postura ante la cremación. Preferentemente la Iglesia recomienda el entierro pero si es necasaria, permite la cremación.

Si su familia escoge la cremación, se recomienda que el cuerpo esté presente para los ritos funerarios antes de la incineración.

La urna debe ser digna y de acorde con la dignidad del cuerpo. Es deseable que la urna esté presente durante el velorio, la misa de exequias y el entierro.

La iglesia desaprueba el esparcir las cenizas del difunto en el mar, desde el aire o al suelo por ser una falta de reverencia a la disposición del cuerpo. La urna debe ser enterrada en una fosa familiar o en un mausoleo y debe evitarse el tenerla en casa de la familia o de amigos.

## Aspersión del agua bendita

Después el que preside rocía los restos cremados con el agua bendita, mientras dice:

**Así como N. ha muerto con el Señor, viva con Él en la gloria.**

## Otra forma de despedida

Cuando el sepelio se ha demorado, o cuando se ha de cremar el cuerpo antes del entierro, el diácono, o en su ausencia, el sacerdote (o, fuera de la Misa, él que preside) dice las siguientes palabras, u otras semejantes:

**Con la firme y cierta esperanza de la resurrección,**
**Nos despedimos de nuestro hermano (nuestra hermana):**
**vayamos en paz.**

## Sepelio de los restos cremados

Con la firme y cierta esperanza de la resurrección a la vida
eterna por mediación de Jesucristo, nuestro Señor,
encomendamos a Dios todopoderoso a nuestro hermano
(nuestra hermana) N. [N., nuestro niño (nuestra niña)],
y entregamos sus restos a la tierra
[*o bien:* a lo profundo *o* a su lugar de descanso]:
tierra a la tierra, cenizas a las cenizas, polvo al polvo.
El Señor lo (la) bendiga y lo (la) guarde,
el Señor haga brillar su rostro sobre él (ella) y le muestre su
favor,
el Señor vuelva su mirada sobre él (ella) y le dé la paz.
R. Amén.

# Las oraciones, lecturas y otros textos escogidos para la misa de la persona difunta

Nombre del difunto (difunta):

_____

Iglesia _____

Fecha _____ Hora _____

El sacerdote que preside en las exequias

_____

## Primera parte: Ritos introductorios

### Colación del palio funerario: p. 20

Sacerdote _____
ó

Miembros de la familia y amigos (Nombres) _____

_____

_____

### Colocación de los símbolos cristianos: pp. 20-21
### Libro de los evangelios o Biblia

Si _____ ¿Quién?_____ No _____

### Cruz

Si _____ ¿Quién?_____ No _____

### Oración colecta: pp. 22-45

Número _____ página_____

# Segunda parte: Liturgia de la Palabra

**Primera Lectura: pp. 47-54**

Número _____ página _____

Nombre del lector: _____

**Salmo Responsorial: pp. 55-61**

Número _____ página _____

Nombre del lector: _____

**Segunda Lectura: pp. 61- 71**

Número _____ página _____

Nombre del lector: _____

**Aleluya y acclamación del evangelio: pp. 71-72**

Número _____ página _____

**Evangelio: pp. 73-88**

Número _____ página _____

**Plegarias universales: pp. 89-98**

Número _____ página _____

Nombre del lector: _____

# Tercera parte: Liturgia de la Eucaristía

**Preparación de las ofrendas**

Personas para llevar las ofrendas al altar:

_____

_____

_____

**Oración sobre las ofrendas: pp. 101-102**

Número _____ página _____

**Prefacio: pp. 103-107**

Número _____ página _____

**Oración después de la Comunión: pp. 108-109**

Número _____ página _____

# Cuarta parte: Última despedida

**Palabras de despedida**

Si _____ No _____ ¿Por quién? _____

**Invitación a la oración: pp. 111-113**

Número _____ página _____

**Signos y cántico de despedida: pp. 113-115**

Número _____ página _____

**Oración de despedida: pp. 116-117**

Número _____ página _____

# Quinta parte: Procesión al lugar de sepultura p. 118

# Otros Libros de Libros Liguori

## Vive con tus muertos que viven
*René J. Trossero*

La muerte de un ser querido puede quitarnos la energía y disminuir nuestro interés por vivir. Las sencillas palabras de René Trossero te ayudarán a encontrar paz. Además te servirán de apoyo para enfrentar la pérdida de un ser querido. En estos títulos el autor nos invita a mirar con fe la realidad de la muerte para dejar que el inmenso amor de Dios nos ayude a escoger la vida. Estos dos libros complementarios–uno de ellos best-seller en Argentina–representarán dos excelentes herramientas sobre todo en momentos de luto.

813993

## Novenario para los difuntos
*Misioneros Redentoristas*

Este libro ofrece un novenario para las personas que están de luto. Es perfecto usar tanto por individuos como por familias cuando un ser querido fallece. El novenario contiene oraciones para cada día así como meditaciones sobre la sanación interior que pueden ayudar a los demás a recordar la vida del fallecido y despedirse de él con compasion y respeto.

812484

## Para ordenar, llame al 800-325-9521
## www.liguori.org